AL COMPÁS DEL BALÓN

Jordi Gonzalvo Solà

AL COMPÁS DEL BALÓN

EDITORIAL BASE

Primera edición: noviembre de 2025
© Jordi Gonzalvo Solà
© de las características de esta edición:
EDITORIAL BASE
Calle Breda, 7-9 · 08029 Barcelona
WWW.EDITORIALBASE.ES
Producción editorial:
Flor edicions, SL
Dirección editorial:
Santiago Sobrequés Soriano
Coordinación:
Jaume Aubareda Magriñá
ISBN: 978-84-10043-73-2
Depósito legal: B 20264-2025
Impreso en Limpergraf
Encuadernado en Rueda

PEFC/14-33-00119

Promoviendo la gestión
forestal sostenible

www.pefc.es

El papel utilizado para imprimir este libro
está certificado como papel ecológico
y procede de bosques gestionados de
manera sostenible.

A la memoria de los hermanos Gonzalvo,
y a mi familia por su apoyo.

MI EQUIPO TITULAR

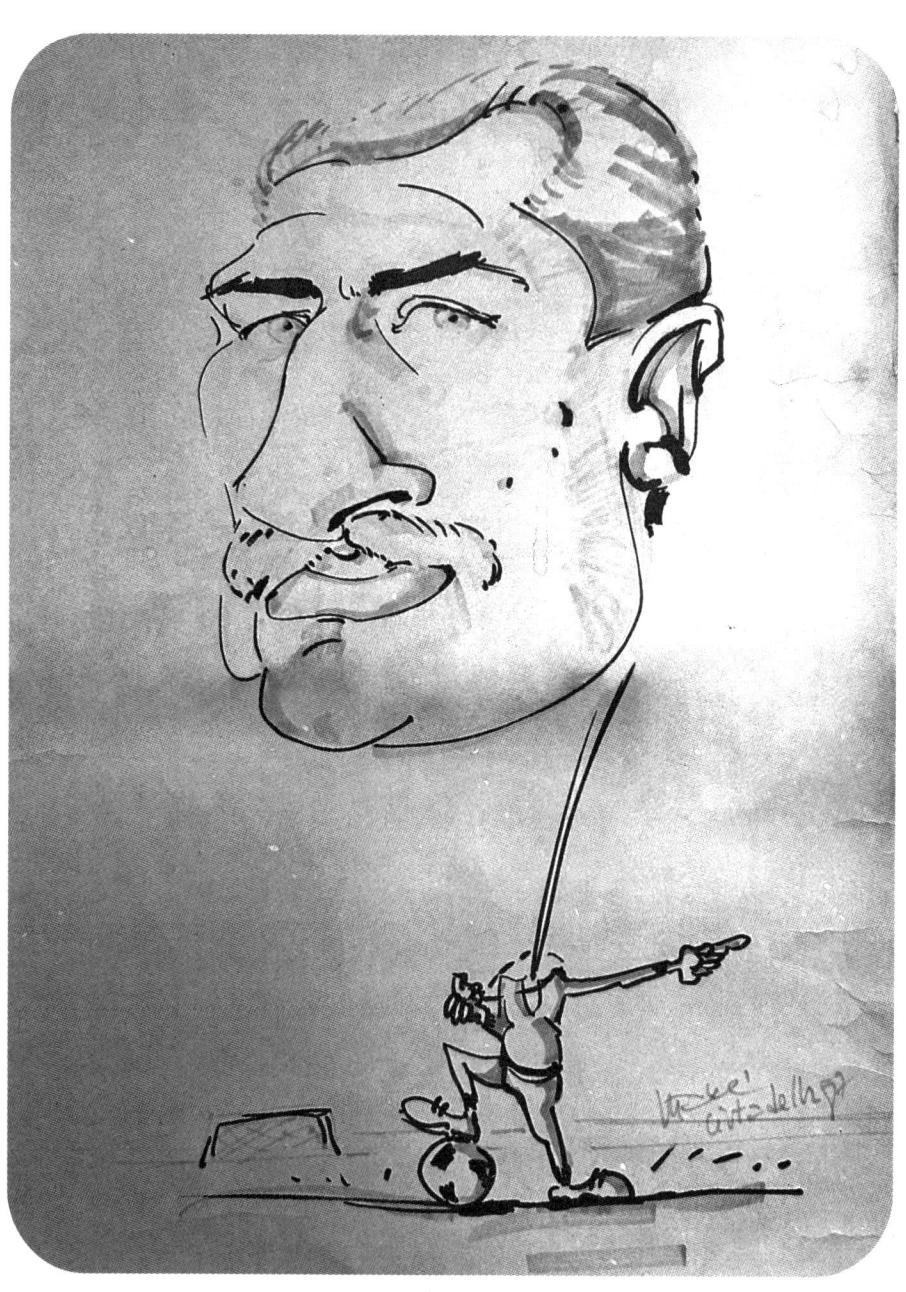

ÍNDICE

PRÓLOGO

¿Cómo iniciar con el mejor pie una relación laboral y personal con un entrenador profesional, con una trayectoria de más de veinticinco años en los banquillos, más dilatada que la de mi propio padre —digámoslo claro— y que desprende y manifiesta la autoridad que se infiere de ser un Gonzalvo?

Seguramente, como tantas otras cosas, yo lo hice mal. Tras decidirse que debía asumir la narración de los partidos de Segunda División A y Segunda División B en TV3, al lado del autor de este libro, nos vimos por primera vez en la cena posterior al inolvidable torneo de «fútbol playa» (y lo escribo entre comillas porque, precisamente, el terreno de juego se dibujaba en la parte de la playa donde la arena era más dura, seca y compacta) que organizaba Josep Maldonado en Coma-ruga. Fui a la cena con la lista de las novedades del mercado de Segunda casi memorizada como la lista de los Reyes Godos en los años en los que Jordi era un escolar.

Pronto, sin embargo —y por suerte—, me di cuenta de que con Jordi no era necesario ganarte su confianza, pues era él quien te la ofrecía. Me animó, me ilustró y me encaminó desde el primer día. Y también, desde el primer día, nos acostumbramos a memorables «previas» del partido sabatino. El lector podrá pensar que aquellos ágapes no eran muy profesionales, se hacían poco antes de retransmitir un partido por la televisión pública de nuestro país, pero sin ellos habría sido totalmente imposible dibujar la fórmula química que, precisamente, mejorase nuestras retransmisiones a través de la interacción entre narrador y analista, siempre pensando en el goce y la ilustración del espectador. La frase más agria que quizá nunca me dijo Jordi, en los primeros años como pareja, fue «a veces parece que no me escuchas». Me quedó grabada a fuego y desde entonces considero imprescindible, siempre que el juego lo permita, establecer y mantener el diálogo con el analista durante la locución de un partido. Por esto y por muchas otras cosas, mi sentimiento de gratitud hacia él, en consecuencia, es infinito.

A Jordi se le tiene que escuchar siempre, también para corregirle algunos calcos lingüísticos divertidos con los que todavía nos reímos. Él creció en una familia catalanoparlante, pero estudió forzosamente en castellano; y como entrenador utilizaba casi siempre el castellano, pero en TV3, lógicamente, se le requería que comentara el fútbol en un catalán, al menos, correcto y adecuado al estándar de la lengua. Piensen un rato en ello. No es fácil.

Como tampoco ha sido fácil su trayectoria, la cual se expone fielmente y de manera amena en este libro que he tenido el honor de prologar y revisar. No me cabe ninguna duda sobre el estilo de fútbol que ha propuesto Jordi Gonzalvo a lo largo de su carrera, basado siempre en una apuesta ofensiva y vistosa, pero sin descuidar el lógico y necesario equilibrio entre líneas. No hace tanto que, en el Nou Estadi, en el Camp d'Esports, seguían acercándosele veteranos aficionados que admitían que pocas veces, o nunca, habían visto mejor fútbol que el que propuso Jordi en sus etapas en dichos conjuntos. Sin embargo, Jordi escogió una vida, la vida futbolística, en la que, mucho más que en otros aspectos y quehaceres profesionales, los resultados marcan el camino presente y futuro. Y, no pocas veces, Jordi tuvo que lidiar con situaciones en las que la frialdad de las cifras nublaba el criterio de presidentes o directores deportivos. Sin embargo, como refleja en estas páginas, esto nunca impidió que Jordi tejiera una espesa red de amistades y contactos, incluso en el extranjero, que sigue manteniendo y alimentando todavía hoy.

Mi lema en mi trabajo es «cada partido, una final de Champions», sea de la categoría que sea. Ahora, en su labor como entrenador del equipo de la Agrupació Barça Jugadors, cuando veo los dolores de cabeza que le da formular una convocatoria, cómo prepara los partidos, cómo le preocupa si el rival está formado por jugadores en activo o veteranos y el nivel de este, pienso que Jordi también se toma cada partido como una final de Champions. Los dos somos férreos apasionados de nuestro trabajo porque, además de ser padres y maridos, el fútbol es nuestra vida. Seguramente, aquel lejano agosto de 2005, le parecí un mocoso, pero estaba escrito que tenía que salir bien.

Disfruten y aprendan de cada letra de este libro.

Jordi SUNYER CAPELLA

INTRODUCCIÓN

¿Otro libro de fútbol? Diría mejor: un legado de toda mi vida deportiva dedicada a tan bello deporte. Después de más de cuarenta y cinco años en el fútbol profesional, pretendo compartir esta pequeña herencia en forma de libro con todos aquellos que me conocen y con quienes no me conocen, pero sienten curiosidad por saber, principalmente, cómo ha sido mi vida como entrenador.

Soy fútbol desde que nací, porque pertenezco a una saga de futbolistas (dinastía Gonzalvo) que imprimieron en mí, desde pequeño, la marca indeleble de la religión futbolística. Para mí, ver, conocer y entender los entresijos de este bello deporte ha sido más como una partida de ajedrez que un mero espectáculo cinematográfico.

Por ello, he plasmado en este ejemplar encuadernado un equipo titular de once capítulos que no pretende ser solo una demostración de conocimientos técnico-tácticos adquiridos en mi vida como futbolista, entrenador y analista, sino un compendio de múltiples anécdotas, frases y comentarios sobre mi paso por este deporte como entrenador profesional.

De hecho, he procurado expresar desde los dos primeros capítulos quién soy y cómo soy en mi faceta de entrenador, para luego continuar, en los tres capítulos siguientes, con ejemplos de cómo he trabajado la técnica y la táctica. Era importante dedicar dos capítulos a quienes han formado parte de mi día a día futbolístico (directivos, jugadores, cuerpo técnico, árbitros, afición, etc.), y que tanto me han acompañado en los buenos y malos momentos.

El capítulo 9, como si de un jugador de primer nivel se tratara, narra la importancia de aspectos futbolísticos que dejan una huella imborrable de sonrisas, recuerdos y obligaciones propias de mi profesión, y que suelen ser amenos también para el lector no especializado, ávido de conocer los entresijos del deporte rey.

Para finalizar, hay dos capítulos dedicados a los complementos deportivos con los que he confraternizado con otras gentes y tecnologías, sobre todo con la música, pero que han sido mi sustento vital en estos últimos años como técnico.

Reconozco que me he divertido un montón seleccionando anécdotas, frases y comentarios. He puesto toda mi alma futbolística para plasmar algunos de los sistemas técnico-tácticos que, durante muchos años, me han dado más satisfacciones que disgustos en la búsqueda de un fútbol vistoso y colectivo. Así lo he vivido, y celebro poder dejar como legado este recuerdo para el aficionado, el compañero de profesión o, simplemente, para encuadernar la constancia de mi paso por este maravilloso deporte.

He procurado ser ameno, hacer que la sonrisa aflore en estas páginas y que mi locura por el fútbol quede plasmada como un recuerdo perenne para quienes saben quién soy y para quienes no lo saben.

Al escribir este libro, he sentido en mi conciencia un deseo irreverente de despojarme de la ropa vieja y vestirme de humildad. Así quiero que sea mi herencia.

1
MI VIDA DEPORTIVA

Soy Jordi Gonzalvo Solà, nacido a las 13 horas de un 13 de junio de 1947, en Barcelona, en la habitación 13 de una clínica sita en la Travessera de Dalt de la ciudad condal. Para más inri, escogí también dicho número, un martes 13 de junio de 1972, para casarme y celebrar así mi vigesimoquinto cumpleaños. Por si alguien pudiera pensar que en mi vida he sido un auténtico gafe, os diré que no. Estoy orgulloso de ser descendiente de la saga de los Gonzalvo (futbolistas de renombre en el CF Barcelona de los años cincuenta), y por dicho motivo «soy fútbol» desde que nací y con un escudo del Barça en mi pecho, porque en aquel momento mi padre (Josep Gonzalvo Falcón, Gonzalvo II) jugaba en el Barça como mediocentro izquierdo junto a mi tío Marià, Gonzalvo III.

Mi infancia fue placentera, con mis padres arraigados en la calle Santjoanistes del barrio de Sant Gervasi de Barcelona, con un vecino famoso como Manolo de la Calva —integrante del Dúo Dinámico—. Tras el Mundial de 1950 en Brasil, mi padre fichó por el Real Zaragoza y tuvimos que mudarnos a la capital aragonesa durante cuatro años. Posteriormente, y ya indefinidamente, con mis padres y mis hermanos más jóvenes (Rosa Maria, Josep Maria y Verònica), nos instalamos en la calle del Rector Ubach, en el mismo distrito de Barcelona, también con un ilustre vecino como Toni Torres (defensa central del Barça).

Mi educación transcurrió en el Colegio Nelly y la Escuela Virtèlia hasta el final del Bachillerato y Preuniversitario, con el posterior primer curso de medicina en la Facultad de Medicina del Hospital Clínico de Barcelona. Desde muy joven me aficioné a todos los deportes, como si en mi interior se activara una palanca de impulso a la dedicación, observación y práctica de cualquier especialidad deportiva o de otros ámbitos como la música —estuve seis años en el Conservatorio de Música de Barcelona—, que incorporé a mis entrenamientos y a las entidades en forma de himnos, *jingles*, etc., o la medicina, que sumé a mi manera de entender y disfrutar de la práctica de la mayoría de dichas especialidades deportivas. Intentaba aprender y perfeccionar cualquier deporte aunque no ganara nada, a pesar de que mi instinto competitivo pudiera más que la entera dedicación y mejora en cualquier especialidad. Es decir, era un buen practicante, pero un mediocre campeón. No obstante, observar y analizar lo mejor de cada ámbito me sirvió, y me sirve, para adaptarlo al fútbol, que es el deporte al que he dedicado la mayoría de mis esfuerzos.

Por dicho motivo, mis genes futbolísticos se manifestaron ya con cierta seriedad a los 13 años, cuando fiché por los infantiles del CF Barcelona. Seguí con los juveniles (no existía la categoría cadete), Barça Amateur y Condal hasta los 19 años, cuando pasé a la UE Sant Andreu (por aquel entonces en la tercera categoría nacional). Mis posteriores andaduras futbolísticas me llevaron al Blanes, al Atlético Baleares durante mi servicio militar, al Sitges CF, al Cerdanyola del Vallès FC... hasta que una inoportuna dislocación de la rótula de mi pierna izquierda y una posterior rotura del menisco interno de la pierna derecha me hicieron abandonar la práctica del fútbol, fuese amateur o profesional. Decidí continuar el camino iniciado junto a mis congéneres y convertirme en entrenador de fútbol. Para ello obtuve, entre 1976 y 1979, los correspondientes títulos de Fútbol Base, Regional y Nacional en la Escuela de Entrenadores de la FCF, en la que fui el número 1 de mi promoción para el curso nacional. Después, me gradué definitivamente en Gijón, en la escuela de Mareo, donde logré ser el número 10 de 116 entrenadores que se presentaron de toda España.

Por aquel entonces era muy frecuente cambiar de equipo y entrenar casi cada temporada en distintos conjuntos. En las categorías de Tercera División y Segunda División B siempre éramos pocos los escogidos que, en los equipos de Cataluña y posteriormente de toda España, podíamos mantener un currículum dilatado en unos clubes que apostaban por el ascenso para generar nuevos ingresos, pues dichas categorías eran generalmente deficitarias.

Con mi titulación de entrenador regional comencé mi andadura en la temporada 1977/78 como entrenador de Segunda Regional con la UE Sant Andreu B. Era cuestión de expresar mis ideas y adquirir oficio con gente muy joven pero con calidad, con miras a incorporarse en un futuro próximo al primer equipo. Como locales, conseguimos el objetivo, pero como visitantes, quizá no tanto, pues íbamos por campos donde los locales nos esperaban con la agresividad necesaria para que no domináramos en el juego y, por consiguiente, en el marcador.

Para el año siguiente, en la temporada 1978/79, entrené en la misma categoría (Segunda Regional) en La Salle Bonanova, con las mismas características; era un equipo joven, con mayoría de jugadores universitarios con calidad, pero quizás con falta de dedicación en algunos.

Con el título nacional conseguido en el verano de 1979 y, a pesar de la poca experiencia en el banquillo acumulada en mis dos primeros equipos, tuve la inmensa fortuna, en la temporada 1979/80, de ocupar la vacante de primer entrenador en la UE Figueres, entidad profesional que militaba en el grupo catalán de la Tercera División (entonces ya cuarta categoría nacional), con hechuras de gran club. Aquella fue mi primera prueba de fuego en un banquillo de enorme transcendencia para ellos y, por supuesto, para mí. Disponía de una excelente y veterana plantilla con la que desarrollamos un fútbol exquisito y conseguimos que el campo del Far (de césped natural) se llenara de un público ávido de buen fútbol. Recuerdo una jornada en la segunda vuelta, en la que nos visitaba el Reus Deportivo, líder de la categoría en aquellos momentos. Como era el día del club, se formaron colas interminables de aficionados en las afueras del recinto que escucharon cómo en veinte minutos marcamos cuatro goles como cuatro soles, desesperados porque oían, pero no veían lo que estaba sucediendo. Para más inri, no conseguimos marcar ningún gol más, pero fue un espectáculo que jamás olvidaremos los que estuvimos allí. Discrepancias al final de la temporada con la directiva —querían que renovara justo después de Navidad y yo apostaba por ver cómo acabábamos y proyectábamos un nuevo curso— hicieron que mis bártulos viajaran a otra entidad, la UD Atlètica Gramenet de Tercera División.

En Santa Coloma (temporada 1980/81) aprendí a fajarme en un equipo de jugadores veteranos y batalladores, en un campo tan especial y único como el del Fondo (de tierra dura y de dimensiones muy pequeñas), con un público increíblemente apasionado que te llevaba en volandas a pesar de (o gracias a) las reducidas dimensiones de su terreno de juego. Aquel rectángulo tan pequeño exigía jugar el balón en pocos toques, apertura máxima, con centros y remates ocasionales de gran eficacia. Para los equipos arbitrales era un suplicio refugiarse en los vestuarios, pues tenían que pasar por una puerta estrecha que conducía a unas escaleras abarrotadas de público que se abalanzaba sobre ellos lanzándoles, a veces, «palabras de agradecimiento» si consideraban que perjudicaban intencionadamente a su equipo.

Con una hoja de servicios un poco más sólida y habiéndome encontrado en distintas situaciones de club, en la temporada 1981/82 me escogieron para entrenar a otro club de Tercera División en Cataluña, la UE Canovelles. La entidad representa una población del Vallès próxima a Granollers, y contaba con una estructura directiva integrada por personas con mucha dedicación que, de la mano de su presidente, Antonio Castillo, funcionaba con sencillez pero con pretensiones de convertirse en una institución de referencia. Mostraron un compromiso máximo con el cuerpo técnico y con unos jugadores que dieron de sí mucho fútbol y que se compenetraron muy bien. Además, nos beneficiamos de la instalación de césped natural en nuestro terreno de juego porque en él debía realizar sus entrenamientos la Selección de Argentina con vistas al Campeonato del Mundo de Fútbol de 1982, que se celebró en España al acabar la temporada. ¡Qué lujo tan bien aprovechado para una plantilla con buenas condiciones técnicas y tácticas!

En la temporada 1982/83, la directiva de la UE Figueres se lo pensó mejor y me volvió a contratar. Quedaban pocos jugadores de mi anterior etapa (1979/80), pero era un equipo ya conjuntado, con jugadores con oficio y excelente rendimiento. Estuvimos siempre arriba con la confianza de que podríamos ascender si no pasaba nada raro, como así fue después de dos eliminatorias (contra la Cultural de Durango y, en la final, contra el Sevilla Atlético). Subimos a Segunda B, categoría en la que la UE Figueres no había estado nunca, en un Sánchez Pizjuán con 40.000 personas en las gradas y a 36 grados a las 21 horas en una noche de finales de junio. Habíamos ganado 3-2 en nuestro terreno contra un grandísimo equipo (al que le regalaron un penalti, dicho sea de paso) y empatamos a 1 en la vuelta, jugando con uno menos, pero con una novedad táctica que me salió de maravilla y que nunca habíamos entrenado: jugar durante bastantes minutos, que se hicieron interminables, con lateral derecho, un marcador central, un lateral izquierdo y dos líberos por detrás, entre laterales y central. A partir de ahí, balones a un malabarista como Pere Vilarrodà, que aguantaba de maravilla el balón y provocaba constantes faltas. Fue inenarrable el recibimiento y los días posteriores en todo el Empordà.

Acabado dicho sueño, tocaba para la siguiente temporada, la 1983/84, continuar en la UE Figueres para aclimatarse a una nueva categoría y cimentar una base para posteriores sueños de triunfo. El estreno para una plantilla ligeramente mejorada, con algunos jugadores ya con partidos acumulados en dicha categoría, fue notable: se consiguió un cuarto puesto final y se respondió satisfactoriamente a las expectativas, el equipo se asentó estructural y futbolísticamente.

Sin embargo, los éxitos, para los entrenadores, suelen ser una peligrosa arma de doble filo. El entrenador se ve obligado a mejorar lo que ha conseguido en un corto recorrido, y no puede plantearse proyectos de base con una mejora progresiva que se alargue más de una temporada, mejora que debe abarcar no solo al primer equipo y al resto de formaciones, sino a toda la entidad, tanto a nivel deportivo como económico y de infraestructuras.

En la posterior temporada, la 1984/85, las exigencias por ascender mermaron el rendimiento de un equipo de desigual nivel y resultados, que se balanceó por la zona intermedia pero que siempre miraba hacia arriba. Con todo, me enviaron para casa pocos partidos antes de acabar la temporada, con el regusto amargo de comprobar que, con el cambio, tampoco se consiguió el objetivo del ascenso.

Poco antes de la temporada 1985/86, mantuve una reunión secreta en La Panadella (pueblo a mitad de camino entre Barcelona y Lleida, muy popular por su área de servicio al pie de la antigua carretera nacional) con seis directivos de la UE Lleida, que querían conocer de primera mano mis expectativas y planteamientos futbolísticos para entrenar al primer equipo del club ilerdense, entidad anclada en Segunda B y que había perdido la sonrisa futbolera. Llegamos a un acuerdo de mínimos por lo que respecta a los emolumentos, pero lo más importante es que firmamos un acuerdo total para un proyecto a medio plazo que devolviese al equipo el buen juego y los resultados, y que permitiese recuperar para la causa a una afición algo desilusionada y que no llenaba ni la mitad de las gradas del Camp Municipal d'Esports.

Fue como un despertar para una ciudad que deseaba volver a tener un motivo de peso para confiar de nuevo en su Lleida. Recuerdo como si fuera ayer la sensación del primer partido, cuando vi las gradas con tan solo 800 espectadores en un campo que por entonces tenía cabida para 10.000. Me propuse y me convencí de que seríamos capaces de revertir tal situación.

Gracias a la buena gente que tenía tanto en el primer equipo como en el segundo (catalanes y navarros principalmente) se consiguió una unión increíble, que sumada a un excelente fútbol, nos permitió llegar a unos cuartos de final de la Copa del Rey. Eliminamos a la UE Sant Andreu, al Barcelona Atlètic (entonces en Segunda A), al Deportivo de La Coruña y al Rayo Vallecano, y caímos por solo un gol de diferencia ante el FC Barcelona, en un Camp d'Esports abarrotado con 14.000 espectadores, con la grada del Gol Norte apuntalada con vigas de madera, con gente subida a las torres de la luz y con un ambiente indescriptible. Con una Junta que iba «a la peseta», es decir, que controlaba las cuentas hasta el más mínimo detalle, y que había presupuestado unos cinco millones de pesetas para la Copa, generamos más de cuarenta millones de pesetas, y lo más importante, salvamos la categoría en una temporada en la que únicamente nueve equipos de los veinte componentes de cada grupo de Segunda B podrían mantener la categoría por la reestructuración que la RFEF había planeado de cara a la temporada siguiente, con un grupo único de veintidós equipos.

Renové por una temporada más porque estaba convencido de que la temporada 1986/87 sería la decisiva para el club, en el que me sentía plenamente realizado, y para la ciudad, a la que estaba totalmente adaptado. Y sí, fue la consagración de un Lleida pletórico del cual se llegó a decir que los leridanos se vestían de etiqueta para ir al fútbol los domingos. La comunión del entrenador con el equipo llegó hasta límites insospechados, como el de componer un nuevo himno para la UE Lleida —gracias a mis estudios musicales y a mi experiencia en la composición de melodías— que aún hoy sigue siendo el himno oficial del club a pesar de los cambios de nombre y de propiedad. El ascenso a Segunda A fue el punto culminante de una temporada histórica y que tuvo su continuidad en la siguiente campaña: la 1987/88, en la que estuvimos flirteando con el *play-off* de ascenso a Primera División y en la que experimenté la máxima satisfacción que puede tener un entrenador, que consiste en que seis de sus jugadores fueran fichados por equipos de Primera para ser titulares en dichos conjuntos.

Fueron, sin duda, los tres años más maravillosos de mi trayectoria profesional como técnico y tuve la sensación de llenar totalmente un espacio vital.

Sin embargo, para la temporada 1988/89, y con el cambio en la alcaldía de Lleida —que había asumido Manel Oronich, de Convergència i Unió, al que tumbaron con una moción de censura al cabo de unos meses—, el proyecto para el ataque definitivo al ascenso a la máxima categoría se estancó. No había suficientes garantías estructurales para aumentar la apuesta y aspirar a conseguir objetivos más altos, por lo que, teniendo en cuenta que había clubes interesados en contratarme, incluso del extranjero, decidimos de mutuo acuerdo (aunque mi corazón estaba y sigue estando con el Lleida) no renovar el compromiso. Finalmente, acepté de nuevo el reto de decir sí a la UE Figueres para un proyecto de ascenso a la Primera División, pero, sobre todo, para demostrar que se habían equivocado con mi cese en la temporada 1984/85. Me encontré con una plantilla ya confeccionada, con jugadores de mucho oficio en Segunda A y otros incluso en Primera División, y de muchos quilates. Así, fue un reto mayúsculo que tantos buenos jugadores se acoplaran y sacrificaran sus intereses personales en pos de la fórmula mágica: «Hacer un equipo».

Los principios, demasiado prometedores (en pretemporada ganamos al Barcelona y al Espanyol), vinieron acompañados de buenos resultados iniciales en la Liga, y esto desató una excesiva euforia. Llegó una serie de malos partidos que nos situó en la realidad del noveno puesto, aunque a cuatro puntos de la cuarta posición, que daba opción al *play-off* de ascenso. En ese momento, el presidente Emili Bach y su junta decidieron que ese no era el camino y me cesaron dos días antes de Navidad, al final de la primera vuelta. Consideraron que a dichas alturas del campeonato ya se debía estar en zona de ascenso directo: una vez más les pudo la inconsciencia y no la sapiencia futbolística, de la cual atesoraban poca.

¡Qué triste! ¿Para qué? Para quedar en el mismo noveno puesto al final del campeonato. Allí cerré la puerta para siempre a la UE Figueres, aunque mantengo una relación cordial con gente de la ciudad y de la comarca, a la que visito cada vez que recuerdan mi labor en dicha entidad.

Tanto era el apego que había desarrollado hacia las tierras de Lleida que, a principios de la temporada 1989/90, la directiva del CFJ Mollerussa (entonces en Segunda B tras un año en Segunda A) me llamó para incorporarme como entrenador de un equipo con una idea y un proyecto de consolidación en la categoría, pero sin renunciar a la posibilidad de dar la sorpresa y colarse en el ascenso a Segunda A. Cogí al equipo en la jornada 9, justo después de un empate (1-1) en el Estadio Municipal de Anduva contra el CD Mirandés. Dicho partido registró la anécdota de que el árbitro anuló el gol de la victoria del Mollerussa cuando nuestro jugador remataba desde fuera del área, y pitó el final del partido mientras el balón volaba por el aire y entraba en la portería. Anécdota aparte, tan cierta como incomprensible, la temporada fue magnífica, con demostraciones de fútbol vistoso y buenos resultados que nos llevaron a la tercera posición del campeonato (aquella temporada, solo ascendía el campeón). Todo ello con una plantilla de buenos futbolistas que aceptaron de buena gana el grado de exigencia y convicción necesario para sus cualidades futbolísticas.

Yo entonces vivía en Lleida, muy cerca de José Manuel Esnal *Mané*, que entrenaba esa misma temporada y en el mismo grupo a la UE Lleida, campeón a la postre. Yo entrenaba por las mañanas antes que él, pero lo esperaba una o dos veces por semana y pasábamos el día juntos. Construimos una amistad sólida y duradera. Nos contábamos trabajos de campo, especialmente cómo defendía él y cómo atacaba yo, y alguna sesión de charla continuada de fútbol se prolongaba hasta altas horas de la madrugada. Mientras, mi andadura con el Mollerussa llegó al punto culminante de enfrentarme, un 11 de febrero de 1990, con la UE Lleida de mi amigo Mané en mi territorio. Fue tal la pasión que despertó dicho encuentro que el Camp Municipal de Mollerussa presentaba un aspecto impresionante, con gradas supletorias llenas hasta la bandera por las dos aficiones, y con la anécdota de que muchos de mis amigos de Barcelona fletaron un autocar para venir a comer caracoles y animar al Mollerussa. Fue un partidazo de poder a poder que ganamos por 2-0 y que nos acercó al tercer lugar que finalmente ocupamos, aunque si no hubiese sido por los cinco partidos que perdimos en la segunda vuelta, seguramente habríamos pugnado con Mané hasta el final para subir...

La temporada 1990/91 inicié un periplo de tres excitantes cursos como entrenador de la UE Sant Andreu de Segunda B. En realidad, diríamos que fueron emocionantes en su transcurso, pero que tuvieron finales desastrosos, especialmente las dos últimas temporadas. Joan Gaspart, entonces *alma mater* de la UE Sant Andreu, y Josep Maria Minguella, como acompañante de Joan Gaspart en materia de contrataciones, me llamaron para reunirnos y explicarme su idea: un proyecto de tres a cinco años vista con el fin de ser el tercer equipo catalán en Primera División (junto al FC Barcelona y el RCD Espanyol y sin contar que el Lleida ascendería en 1993).

Tenía buenos jugadores y la exigencia era, como mínimo, jugar el *play-off* de ascenso a Segunda A. La primera temporada, a la que llegué con el campeonato iniciado (en la jornada 11), fue de rodaje y preparación para la campaña siguiente, la 1991/92, que se suponía que sería la de la consecución de mejores objetivos. Y así fue en la Liga regular, en la que conseguimos ser primeros de nuestro grupo: hoy, dicha posición supondría el ascenso, pero entonces daba solo el pasaporte a la liguilla.

Y allí, en el último partido, apareció la figura del trencilla andaluz José Japón Sevilla, que, siguiendo instrucciones claras de un directivo de la RFEF (Juan Espino, nacido en Almendralejo, la ciudad del Extremadura, nuestro rival directo en el *play-off*) nos perpetró el arbitraje más canallesco que he visto en mi vida futbolística. Hay imágenes claras del partido que le delatan en su mal quehacer. Expulsó en el minuto 21 del primer tiempo a mi jugador estrella, Ramon Maria Calderé, que fue claramente empujado en el área cuando iba a marcar a puerta vacía, y no señaló un claro penalti a nuestro delantero Azcona en la segunda parte, entre otras lindezas inenarrables. El premio para él fue arbitrar (normalmente mal, por cierto) durante tres temporadas en Primera División en agradecimiento por su traidora actuación, que no sirvió de nada. Si el Extremadura no ganaba al Elche, como así sucedió, el empate le valía al Sant Andreu para ascender; al perder, el Lugo, que era casi un invitado de piedra, se encontró con un ascenso con el que no contaba. Así se reveló durante los tristes acontecimientos acaecidos, una vez finalizado el partido, en los vestuarios del Anxo Carro. Enojo por nuestra parte contra el trío arbitral, con enfrentamientos incluidos con la policía, y sonrojo de la directiva lucense por lo que estaba pasando, con una frase lapidaria que lanzó su presidente, Constantino Núñez: «¡e que carallo facemos nós en Segunda A!». Según me contaron, el proyecto de la UE Sant Andreu para la temporada siguiente en Segunda A contaba con un presupuesto de 500 millones de pesetas.

Tras dicho bochorno y desastre, la plantilla y el cuerpo técnico pedimos a la directiva de la UE Sant Andreu que diera una nueva oportunidad al equipo para que en la temporada 1992/93 la entidad consiguiera el premio del ascenso que se le había negado por los motivos descritos, siendo el mejor equipo del grupo del *play-off* con una única derrota; la de aquel infausto domingo en Lugo.

Inicialmente se mantuvo la plantilla para la nueva temporada, con pocas incorporaciones, pero con la firme convicción de «este año sí». Las novedades vinieron por otro lado, con la entrada de máquinas en nuestro Narcís Sala para iniciar el proyecto de construcción de instalaciones deportivas (gimnasios, pistas de squash, saunas, piscina, aparcamientos subterráneos de amplia capacidad para el barrio). Esto nos condujo a ser el primer equipo de fútbol que jugó regularmente sus partidos como local en el Estadi Olímpic Lluís Companys de Montjuïc, recién finalizados los Juegos Olímpicos y Paralímpicos de Barcelona. Durante varios meses fuimos importantes por lo que representaba ocupar aquel recinto, hasta que en la parte final del campeonato regular volvimos a nuestra casa, el terreno de juego del Narcís Sala, pues el proyecto de remodelación no recibió ciertos permisos de construcción. Entretanto, conseguimos el segundo puesto de nuestro grupo (aunque empatados a puntos con el campeón, el Real Murcia), que nos daba derecho a jugar el tan anhelado *play-off*.

Económicamente, sin embargo, la realidad era diferente. No sé si son cosas del destino, pero en aquella campaña se acumularon durante casi toda la temporada impagos a toda la plantilla y al cuerpo técnico. Esto enrareció tanto el ambiente que todos, a las puertas de la liguilla, decidimos encerrarnos indefinidamente con tiendas de campaña en el Narcís Sala, como protesta por el incumplimiento de múltiples promesas de pago de las nóminas de los jugadores. La situación de los futbolistas foráneos que mantenían dos viviendas era especialmente grave y los ayudábamos económicamente entre todos, en la medida de lo posible, para seguir compitiendo.

Como se podrá comprender, el *play-off* fue un desastre, pues sumamos un solo punto en seis partidos, e incluso se produjo un intento de compra de un partido para que no ganáramos. Dicha circunstancia no ocurrió y el comportamiento de los jugadores fue ejemplar; tampoco ganamos, pero los futbolistas se dejaron la piel en el empeño disputando un gran encuentro.

Las denuncias de los jugadores y del cuerpo técnico acabaron de enterrar para siempre un proyecto tan ambicioso como fantasioso, que nos dejó muy tocados en nuestro adiós a la entidad a la cual, hoy en día, aún respeto, y que no se merecía tantas desventuras ni el comportamiento final de algunos de sus dirigentes.

Y vuelta a empezar, pero esta vez, tras superar la primera vuelta de competición en el campeonato liguero de Segunda B, en la temporada 1993/94 fiché por una institución de elevado prestigio futbolístico como es el Levante UD. Equipo veterano, ya confeccionado y con jugadores de notable trayectoria a los que se tenía que ensamblar para conseguir una colectividad como equipo. Dicha cohesión se le suponía, pero la presión y la exigencia por el ascenso dificultaban mucho la labor.

El club contaba con un presidente honorífico (José Luis López Sánchez, «Jolosán») pero, por detrás, mandaban hombres importantes en la sociedad valenciana como Pedro Villarroel y Ángel Rubio, entre otros, personas que tenían el objetivo de competir con el Valencia CF en un periodo no excesivamente lejano.

Fue una media temporada de buenos resultados y con un fútbol más de oficio, resultadista, que fue enardeciendo a una afición expectante.

El sorteo para la liguilla de ascenso nos deparó un grupo complicado de equipos con mucho *caché* y con la misma exigencia de ascenso que nosotros: la UD Las Palmas, la UD Salamanca y el Barakaldo CF. La igualdad fue máxima, pues en la tercera jornada de la promoción estábamos todos empatados a tres puntos (todavía se aplicaban los dos puntos por partido ganado). Visitamos al Las Palmas en su feudo, el legendario y viejo Insular, en un duelo apasionante por el primer puesto. Conversando antes del partido, el delegado canario, José Merino González, exárbitro de Primera División, sentenció la charla con una frase premonitoria que nos dejó helados: «Ni vosotros ni nosotros». ¿Y quién fue entonces y por qué? La UD Salamanca entrenada por Juanma Lillo fue quien lo consiguió, pues por aquel entonces unos de los principales patrocinadores de la RFEF eran Air Europa y Halcón Viajes, cuyo propietario era Juan José Hidalgo, presidente de la UD Salamanca. ¿Hace falta añadir algo más? El penalti señalado por el árbitro a su favor que supuso el 0-1 en nuestro terreno de juego, en la quinta jornada, fue tan inventado como ridículo resultó el hecho de su señalización por el colegiado de turno, el andaluz José Luis García Domínguez, que ascendió a Segunda al año siguiente pero duró solo una temporada en la categoría. Otra vez sin premio por causas externas a los más elementales principios futbolísticos.

Todos estos hechos pueden sonar a excusa o justificación en mi camino hacia el ascenso en distintos equipos, pero lo cierto es que o eras muy superior en los partidos y en los resultados o dichas artimañas eran bastante frecuentes en el fútbol de los noventa. Fue un batacazo que no nos esperábamos, y aunque la directiva quería que siguiera, no se llegó a un acuerdo en materia de planificación de fichajes, ya que tenían que llegar jugadores que para mí eran impuestos y que, sobre todo, no mejoraban lo que teníamos, además de que se me anunciaba la baja de algunos futbolistas importantes. Y es que algunos dirigentes jugaban a ser presidentes, directores deportivos y entrenadores al mismo tiempo.

Así, me fui de vuelta a mi ciudad natal, Barcelona, a la espera de un nuevo club y de un proyecto en el que poder continuar mi carrera profesional como técnico. El Terrassa FC, con un presupuesto y una plantilla más que aceptables para Segunda B, me contrató a mediados de la temporada 1994/95. Era un equipo de buenos y nobles futbolistas que dieron un excelente rendimiento y ofrecieron una buena calidad futbolística casi toda la temporada, y así consiguieron despertar a una directiva y a una afición entrañables que, por encima de todo, ansiaban ver a su equipo y a su ciudad en lo alto del mapa futbolístico español.

Un factor muy importante cuando jugábamos en casa era que el Estadi Olímpic de Terrassa había sido acondicionado para los Juegos Olímpicos de Barcelona 1992 como terreno de juego de hockey hierba, deporte arraigadísimo en la sociedad egarense. Así, la superficie era una moqueta que tenía por debajo un colchón con agua. Esta agua emergía hasta la superficie y hacía que el balón de fútbol rodara mucho más rápidamente, que no botara tanto y que, en las trayectorias de pase en alto y a media altura —como los tiros a puerta—, cuando la pelota tocaba la moqueta saliera despedida. Esto dificultaba enormemente el juego y la aplicación de los conceptos técnicos, y hacía la vida imposible a los porteros, especialmente por la trayectoria incierta del balón. Los equipos visitantes intentaban sacar el máximo provecho de la situación y minimizar las continuas pérdidas de balón en los pases, pero sufrían lo indecible para aclimatarse durante el encuentro. Nuestro secreto era jugar al pie, en los pases cortos, medios y hasta largos, lanzar los centros tensos para que al tocar el esférico la moqueta, el rival no tuviera el control de este, y que muchos rebotes generaran segundas jugadas para nosotros y aprovechar al máximo los despejes de los porteros que no podían blocar o desviar el balón.

Así, fuimos un equipo muy sobrio como local, pero quizás no tanto como visitante, lo que nos dejó sin opciones para los primeros puestos. Pero fue una media temporada relajante en la que disfruté por el buen ambiente que rezumaba una plantilla amigable y profesional, de la que muchos de sus futbolistas jugaron posteriormente en equipos de categoría superior.

A continuación, un nuevo reto futbolístico me ocupó las dos siguientes temporadas, la 1995/96 y la 1996/97, al enrolarme en el Gimnàstic de Tarragona de Segunda B. En la antigua Tarraco se deseaba que la ciudad y la entidad fueran de la mano para situarse en una categoría —Segunda A— que era el objetivo de desarrollo institucional tanto en el balompié como en el aspecto cultural y turístico.

Había que contentar a una afición apasionada pero reivindicativa, que exigía buen fútbol. Costó mucho en los primeros partidos convencerla y pasar de los cientos de espectadores al inicio a los cuatro mil de media a la mitad del campeonato, ya con visos de ofrecer un mejor espectáculo y de conseguir un puesto en la liguilla de ascenso. Fuimos segundos en nuestro grupo de Segunda B, pero otra vez la UD Las Palmas se cruzó en mi camino, con un equipazo (Espejo, Socorro, Paquito, Orlando, Jaume Garcia...) que dejó a los demás sin posibilidad alguna de alcanzar el premio final.

En mi segunda temporada en Tarragona, la directiva tuvo que asumir un presupuesto inferior y estaba más condicionada por la alcaldía y las ayudas de las empresas petroquímicas de la zona, que, eso sí, siempre apoyaban los designios futbolísticos del Nàstic. Pese a ello, conseguimos el primer puesto de nuestro grupo de Segunda B y desatamos la euforia en la afición para que el «sí, este año sí» se viera como una tarea más fácil. Perder el primer partido de la liguilla por 1-0 en el viejo Los Pajaritos, el estadio del CD Numancia, supuso pinchar el globo de la ilusión para una afición que se volcó en el desplazamiento y que creyó que allí podían morir las esperanzas de cientos de aficionados. Un desafortunado encontronazo verbal entre el alcalde convergente Joan Miquel Nadal (que gobernaba con mayoría absoluta) y un servidor fue quizás la espoleta que hizo explotar a algún medio de comunicación más allegado a la alcaldía que a mí, y que provocó que una directiva amedrentada me invitara a que me fuera para mi casa faltando tres partidos para acabar la promoción, cuando aún teníamos opciones.

Pero no desistí en mi intento. El CD Castellón me contrató para iniciar (esta vez sí) en la temporada 1997/98 la construcción de un nuevo equipo, para afrontar con ciertas garantías una campaña que tenía que ser de éxito en la fatídica Segunda División B y, por qué no, para conseguir plaza de *play-off* para el ascenso, tan deseado por mí allí donde fuera. Había llegado una nueva directiva en una institución llena de recuerdos futbolísticos en Primera y Segunda División y que ahora se veía atrapada en una categoría maldita, deficitaria para todo el mundo y de la que era muy difícil salir. La directiva anterior dejó arrasado al club, sin documentación y renovó a toda la plantilla para que los nuevos dirigentes encontraran todos los obstáculos del mundo y tuvieran que empezar desde cero. Así, me encontré con toda la responsabilidad deportiva, con treinta y cuatro jugadores en pretemporada (entre futbolistas del primer equipo y del filial), que pertenecían a una plantilla que había realizado una temporada más que discreta. En lugar de preparar a un equipo en la pretemporada y con cinco o seis semanas de margen, tuve que elegir en cada entrenamiento con quién me quedaba, mientras la directiva intentaba contratar jugadores que quedaban libres de otros equipos a falta tan solo de tres semanas para el inicio del campeonato.

El Nuevo Castalia, el histórico estadio del CD Castellón, padecía graves problemas de mantenimiento por el abandono de la directiva anterior, por lo que nos tocó entrenar durante la semana, toda la temporada, en campos de fútbol de alquiler cercanos a la ciudad de Castellón. Hoy aquí, mañana allí, pero con la ilusión de conseguir que una serie de sacrificados e implicados jugadores compitieran como un colectivo. Y lo conseguimos con orden, disciplina y una buena resolución de los partidos, factores que nos situaron en posiciones muy próximas al liderato, ante la sorpresa de la mayoría de los equipos del mismo grupo, y que desataron una euforia desmedida en una afición ávida de revivir los heroicos periodos de antaño, cuando militaban en categorías superiores, en una ciudad de más de 200.000 almas.

Sin embargo, el núcleo importante de cuatro o cinco empresarios que comandaba la entidad creyó que todo iría sobre ruedas, cuando la realidad aconsejaba respetar el primer objetivo que se trazó, que era reconstruir, durante la primera temporada, lo que la Junta anterior había destruido. Consideraron que pasábamos a ser favoritos, mientras el resto de los equipos nos colocaban un escalón por debajo, y por ahí rondamos casi todo el campeonato, pero siempre con la alegría de ver cómo el Nuevo Castalia se llenaba de una afición entregada a la causa. Dicho entusiasmo se convirtió en la obligación de ascender por parte de unos medios de comunicación que luchaban entre ellos por conseguir el máximo protagonismo. Los cuatro periódicos, dos cadenas de televisión y numerosas emisoras de radio de la ciudad desencadenaron una campaña de críticas y alabanzas sobre el equipo y nuestra labor que desestabilizaron más que ayudaron. En resumen, pusimos los cimientos para un futuro, pero se quiso construir demasiado rápido.

Durante las dos últimas temporadas, compaginé mi labor de entrenador con la de *scouting* para la compañía ISO (International Sports Organisation), del grupo de José León Asensio. Como dicho grupo controlaba un porcentaje importante del accionariado del Cádiz CF, decidieron que tomara las riendas de dicho equipo, entonces en Segunda B, en la undécima jornada de la temporada 1998/99. Con el fin de acelerar el proceso de clasificación para el *play-off* de ascenso a Segunda A, dado que el inicio de la temporada no había sido todo lo prometedor que exigían el prestigio y la historia de dicho club.

Aquel Cádiz era un equipo veterano, con jugadores de buen currículum y categoría balompédica (uno de ellos, Quique Cárcel, posteriormente fue director deportivo del Girona FC), con los que empezamos a remontar posiciones. Sentíamos la obligación de contentar a una entusiasta y sacrificada masa de aficionados, pero sufríamos mucha presión como locales en un Ramón de Carranza generalmente lleno. Dicha presión fue causada por las expectativas generadas desde algunos medios de comunicación, en especial el *Diario de Cádiz*, periódico muy influyente en el estado de ánimo de la ciudad. Aun así, ganamos trece partidos como visitantes (liberados de tanta intromisión), y tan solo cosechamos dos derrotas: una de ellas, en el Santiago Bernabéu contra el Real Madrid Castilla, nos impidió acceder al cuarto lugar que daba opción a disputar la liguilla de ascenso. De haber conseguido dicha clasificación, estábamos convencidos de que hubiéramos ascendido, dado el buen estado de forma que mostraba el equipo en las jornadas finales. Lo consiguió, finalmente, el Córdoba, que nos adelantó por un punto en la clasificación final de la Liga regular.

Disfruté mucho futbolísticamente, pero no tanto en la convivencia con una ciudad que presentaba graves y terribles problemas de supervivencia económica y laboral. Tanto mérito tenía el aficionado a su «Cádiz y olé» que cuando volvíamos de los desplazamientos nos encontrábamos, a altas horas de la madrugada, una multitud de pescadores de caña en el Puente de Carranza, que se pasaban toda la noche pescando cazón y otras variedades de pescado que, a primera hora de la mañana siguiente, vendían a los restaurantes y comercios. Con dichas ganancias, pensaban siempre en comprar una entrada para poder asistir el domingo siguiente al partido de su Cádiz. Inenarrable fue el 4-0 que le endosamos a nuestro eterno rival, el Jerez CD, y que, por los disturbios acaecidos al final del encuentro con la policía, no pudimos disfrutar como se merecía.

El proyecto para mi continuidad pasaba por un segundo año de acuerdo con los dirigentes, pero lo cierto es que decliné seguir porque vi que no terminaba de aclimatarme a un ambiente excesivamente solitario. Tal como lo cuento pasó, y volví a Barcelona con resquemor, pues mi mitad futbolera me invitaba a continuar.

En la temporada 1999/2000 me dedicaba más a promover mi base de datos de equipos y jugadores, denominada WinBol, que a pensar en volver de nuevo a entrenar. Quizás ya estaba demasiado saturado después de veinticuatro temporadas seguidas y sin ningún año sabático en mi carrera como técnico. Pues ni por esas lo conseguí. Directivos de mi primera etapa en el Terrassa FC vinieron a buscarme para intentar solucionar un mal comienzo del equipo en dicha temporada, en Segunda B. Me dejé llevar por el respeto y por el cariño con el que me habían tratado en mi primera etapa y acepté el reto, aun a sabiendas de que el equipo tenía carencias suficientes para repensárselo. Reconozco que me equivoqué, pues, a pesar de que el equipo reaccionó al principio gracias a algún refuerzo, después cayó a la zona media-baja de la tabla, en la que deambuló sin la satisfacción ni el juego requerido para contentar de nuevo a una ciudad un tanto desilusionada con los resultados. Di un paso al lado a falta de pocas jornadas, pues tampoco la secretaría técnica me ayudó lo suficiente, y preferí dejar ya definitivamente el sueño futbolístico de poder llegar a entrenar en Primera División.

También es cierto que, al mismo tiempo, Televisió de Catalunya (TV3) me ofreció la posibilidad de entrar a formar parte, como analista técnico, de las retransmisiones de partidos de fútbol de todas las categorías (especialmente Segunda A, Segunda B y fútbol formativo). Era una novedosa apuesta que me hacía sentir útil y me permitía entrar en una nueva dimensión del deporte que me apasiona, el fútbol. Pero para esta experiencia destino un capítulo especial en la parte final de este libro, pues los casi veintitrés años de dedicación al análisis técnico y la huella de las relaciones personales y de amistad con numerosos periodistas de Deportes de TV3 (ahora denominada 3Cat), merecen un apartado de respeto y anécdotas, dignas de unas cuantas —o muchas— páginas llenas de admiración y cariño por ellas y ellos.

Después de muchos años, desde la temporada 2000/01, en los que creía haber enterrado mi dedicación y mi orgullo como entrenador de fútbol, he vuelto al ruedo futbolístico como técnico, esta vez no tan profesionalmente, pero sí con la ilusión de un niño con zapatos nuevos. En marzo de 2022 me propusieron el cargo de entrenador del equipo masculino de la AJFCB (Agrupació de Jugadors del FC Barcelona), es decir, del equipo «joven o medio joven» de los veteranos del FC Barcelona. Un nuevo reto, pues, en lugar de entrenar a una plantilla de veinticinco jugadores, tenía y tengo una lista de más de ciento cincuenta jugadores convocables, lo que representa un montón de trabajo para contentar a todo el mundo, dado que jugamos muchos partidos al año. Los entrenamientos son partidos entre nosotros dos veces por semana, pero el excelente rendimiento y juego que ofrecemos en los partidos que disputamos no solo en Cataluña y en España, sino también por todo el mundo, es motivo de peso como para que quieran venir a vernos.

¿Hasta cuándo, Jordi? «Hasta que el cuerpo aguante y me quieran», diría, pero será «hasta que mi mente esté tan llena de fútbol que ya no quepa ni una jugada más».

2
EL «YO» ENTRENADOR

E ste capítulo es la primera piedra que coloco al iniciar una andadura como técnico en este increíble deporte que nos regala alegrías y nos provoca momentos de tristeza. Un deporte que cambia nuestra vida no solo cada domingo, sino cada día, y que nos hace partícipes de los sentimientos más dispares, pero al que nunca renunciamos.

Este capítulo es el rincón de mi mente donde he almacenado casi veinticinco años de profesión como entrenador de fútbol, donde están todas mis reflexiones, decisiones y acciones. Es el lugar donde pienso, analizo y corrijo los planteamientos psicológicos propios en beneficio del equipo y de uno mismo.

«El equipo es el fiel reflejo del entrenador». Este fue mi primer mandamiento cuando, en la temporada 1977/78, con solo treinta años, decidí dedicarme a esta profesión llena de situaciones contrapuestas, de éxitos y fracasos. Lo hice desde la humildad de la Segunda Regional, donde la inexperiencia en el banquillo provoca una especie de sed que se sacia con decisión y el deseo de exponer tus conocimientos futbolísticos.

Empecé y continué con la firme creencia de no dejarme influir, ni por jugadores, ni por directivos, ni por medios de comunicación, ni por otros agentes del entorno a la hora de confeccionar una alineación. Es una máxima que se enseña, como si de un texto sagrado se tratara, al estudiar para el primer carnet de entrenador de fútbol base o regional.

Y siempre debe mantenerse así para respetar una regla que considero básica: las tres P: Personalidad, Profesionalidad, Protección.

En mis inicios, me propuse conocer desde el primer momento mi nuevo club, su directiva y su entorno; y, sobre todo, a mis jugadores. Para ello, tuve que hacer un curso acelerado de análisis, evitando caer en la bisoñez, el desconocimiento de nuevas situaciones o la improvisación de soluciones no estudiadas adecuadamente.

Encontrar un equilibrio entre la soledad —cuando era necesaria— y la compañía de directivos, cuerpo técnico, colaboradores, jugadores y afición fue un desafío diario. Este equilibrio era imprescindible para que no me invadiera la desesperanza y, en su lugar, creciera el optimismo hacia un trabajo que me apasionaba y que iba a definir mi vida.

Es fundamental tener presente que, en sus primeras experiencias, si el entrenador se deja llevar por el carácter, el temperamento o comportamientos irreflexivos, generará un choque en el vestuario y una percepción de incredulidad e incomprensión entre quienes lo rodean. Por lo tanto, aprender a comportarse con diplomacia y seguridad proporciona la confianza necesaria para superar el miedo al fracaso.

En ciertos momentos, el entrenador puede enfrentarse a una interminable retahíla de sentimientos individualistas. Sin embargo, especialmente en los malos momentos, debemos sobreponernos a la crueldad del fútbol, que nos deja terriblemente solos y abandonados a nuestra suerte. Para evitarlo y adaptarse al primer rol del técnico, es imprescindible **CONOCER.**

Creo firmemente que la práctica del fútbol es sencilla, hermosa y, si se quiere, romántica, pero por encima de todo es la realización de un sueño. Por ello, el entrenador debe desterrar de su mente cualquier pensamiento o comportamiento denigrante, escandaloso, político o malintencionado que pueda conducirlo a la desmoralización y al desequilibrio.

A lo largo del aprendizaje como máximo responsable técnico de un equipo, se perciben fácilmente toda clase de artimañas adversas (y adversarias): desde designaciones arbitrales favorables al equipo local hasta el uso de un público excesivamente apasionado que intenta condicionar al árbitro y al ambiente con gritos desafortunados o insultantes. También se perciben las influencias históricas de ciertos directivos en los organismos futbolísticos, que buscan cambios o decisiones favorables a sus intereses.

O incluso la astucia de entrenadores veteranos que provocan en pleno partido, intentando volcar al público y al árbitro en tu contra.

Para todos ellos, siempre he tenido una frase célebre, aunque admito que contiene un tinte etnofóbico: «Los hay vivos con señorío y muertos por gitanería».

Con el devenir del tiempo, el equilibrio psicológico en el trato con los jugadores se va afianzando, hasta lograr un respeto firme y consistente entre ellos y tú. Aunque este equilibrio pueda romperse circunstancialmente hacia un extremo u otro por acomodamiento, nunca debe hacerlo cuando el equipo está en racha y disfruta de una etapa de una alta moral, ilusión y alegría. Utilizar la frase «¿Quieres ser un buen futbolista? Entonces, aprende primero a ser persona», supone inculcarles el convencimiento, incluso cuando no escuchan las palabras, pero las aceptan.

Con cada entrenamiento y partido transcurrido, crece la profesionalidad de los jugadores y del entrenador. Mostrar serenidad y moderación en el trabajo diario no debe confundirse con una vanidad exagerada ni con sueños de grandeza, por muy acusado que sea el contraste con mi otro yo, que afirma también en público: «Nada ni nadie nos puede parar». Nunca hay que caer en la creencia de que la culpa de una situación negativa la tienen siempre quienes no somos nosotros. Por encima de todo, el vocabulario del entrenador debe ser el fundamento de la unidad del conjunto, y la sencillez en su comportamiento debe trasladarse a toda la plantilla. Esta es una etapa para **CREER**.

Progresivamente, aprendemos a tener la madurez suficiente para ejercer y aplicar la paciencia, así como para mantener un control psicológico. La sutileza, la diplomacia o incluso la «mala leche», debidamente combinadas, pero también controladas, pueden ser utilizadas como un derecho legítimo de réplica frente a las trabas y críticas que provengan de entornos futbolísticos intoxicados.

Los entrenadores no debemos olvidar que, como jugadores, muchos de nosotros priorizamos nuestro ego futbolístico y protegimos ferozmente nuestros intereses deportivos y económicos. ¡Cuántos de estos jugadores han demostrado que primero son ellos y, después, ellos mismos! Afortunadamente, cuando el jugador se convierte en entrenador, su visión cambia radicalmente. Desde la barrera, aprende a contemporizar y decidir cuál es la mejor respuesta para resolver un conflicto. Ahora, el jugador convertido en técnico lucha por neutralizar comportamientos adversos que puedan afectar la paz necesaria en el vestuario. Se trata de encontrar el camino justo para **CRECER**.

A partir de aquí, para reforzar las argumentaciones que el entrenador utilice en sus decisiones, se inicia una etapa de interés por cómo trabajan otros profesionales del fútbol. El entrenador desarrolla un criterio futbolístico propio para analizar lo que hace y lo que hacen los demás, tanto en los entrenamientos como en los partidos, sin caer en el recurso fácil y vulgar de copiar ideas sin considerar si encajan o no en su equipo. Por ejemplo, la lectura instantánea de un partido genera nervios, dudas internas, incluso agarrotamiento, sensaciones que nunca deben aflorar. No se puede permitir que las emociones del entrenador transmitan inseguridad, pues los jugadores podrían tomarlo como un mal ejemplo. Enseñar a los jugadores a pensar fría y colectivamente durante el partido para decidir el momento correcto de atacar masivamente, guardando las espaldas, o el de replegarse para presionar, robar el balón y contraatacar con efectividad, puede ser determinante para lograr esa unidad competitiva que buscamos para favorecer el mejor comportamiento grupal.

Esta experiencia, acumulada a lo largo de los años, puede y debe contrastarse con hechos, resultados y satisfacciones personales obtenidas gracias a otros compañeros de profesión. Un ejemplo magnífico fue una casual conversación con Pep Guardiola, allá por la temporada 2008/09, su primera al frente del primer equipo del FC Barcelona. Yo esperaba en la puerta del aún vigente bar-restaurante Sandor, en la plaza Francesc Macià de la capital catalana, a un compañero con quien debía resolver un tema familiar. Por sorpresa, coincidí con Pep, que también aguardaba en el mismo lugar a un importante excompañero suyo, quien más tarde sería director deportivo del FC Barcelona.

Nos conocíamos futbolísticamente y habíamos entablado relación profesional a través de mi programa **WinBol**, que Guardiola había recomendado para la gestión deportiva del fútbol formativo del Barça cuando él entrenaba al filial. Durante veinte de los veinticinco minutos que estuvimos juntos, aproximadamente, Pep escuchó y yo respondí a todas sus preguntas sobre el *modus operandi* de mis entrenamientos, sistemas de juego, entre otros temas. Fue una lección maravillosa de cómo escuchar, absorber y escoger lo que más le convenía para su baúl futbolístico, una muestra de cómo prepararse para adelantarse a los demás en su futuro como entrenador de élite. Aprendí mucho de esa conversación y sentí una gran satisfacción al constatar que mi madurez como entrenador había encontrado un excelente camino para **CONECTAR**.

Así, el entrenador va adquiriendo y puliendo su madurez, poniendo de manifiesto su evolución y experiencia a través de cada temporada. Aprende a razonar en qué momento se encuentra a todos los niveles, para justificar y engrandecer su progresión. Eso sí, en ocasiones, un técnico se marcha con la sensación del deber cumplido y con las puertas abiertas para volver algún día… Pero esta suposición puede terminar siendo errónea, ya sea porque el tren ya ha pasado o porque la labor de dicho entrenador, aunque en su momento fue criticada, se va diluyendo en el tiempo.

Al final, aunque lo crea, no siempre es el juez supremo que da y quita razones. **CONSEGUIR** lo que uno se propone como entrenador debe ser la quinta **C** con la que desgloso emocionalmente este capítulo.

MI YIN, MI YANG

Este añadido del «Yo» entrenador es la planificación psicológica de mi comportamiento mental a la hora de manifestarme, tanto como persona como, sobre todo, como entrenador. Vendría a ser el complemento mental de cómo planifico, cómo transmito la idea del trabajo a realizar, cómo intento comunicar a quienes debo entrenar aquello que hemos de ejecutar en la práctica y cómo busco la aceptación de todo lo programado. «Es dar gracias por lo que soy, por lo que tengo, por lo que aprendo, por lo que doy».

Como ya manifesté en el capítulo 1 de este libro, nací un 13 de junio y, por tanto, soy Géminis (carácter doble y bastante contradictorio), del cual soy un fiel representante. Es como reflejarse en la filosofía china con el Yin y el Yang, las dos fuerzas opuestas que forman un todo. Su dualidad puede manifestarse en cualquier persona, tanto en el aspecto físico como en el no físico (lo que sentimos y percibimos).

En el aspecto personal, siempre he procurado que mi Yin (creativo, artístico, imaginativo, sensible) encuentre la pasividad, el descanso emocional y, sobre todo, la conservación de mi interior, para brindarle a mi alma la pausa necesaria que me permita disfrutar de los sentidos y de la vida.

En cambio, en el ámbito deportivo, me domina mucho más el Yang (impulsivo, con tendencia al liderazgo, competitivo y amante de la perfección), lo que genera energía, actividad, luz, creación y la expresión externa de lo que llevo dentro, sin pensarlo dos veces en la mayoría de las ocasiones. Como consecuencia, mi Yin queda en desventaja cuando ejerzo como entrenador.

Así pues, una vez definidos ambos conceptos y aspectos de mi personalidad, se trata de establecer unas bases y parámetros de conexión entre mi Yin y mi Yang para que convivan adecuadamente en el «Yo» entrenador.

Pero, de los dos, ¿cuál es el que predomina en mí como entrenador? Debería ser el Yang, como he comentado anteriormente, pero la búsqueda de la armonía entre ambos debe ser la solución, porque no pueden

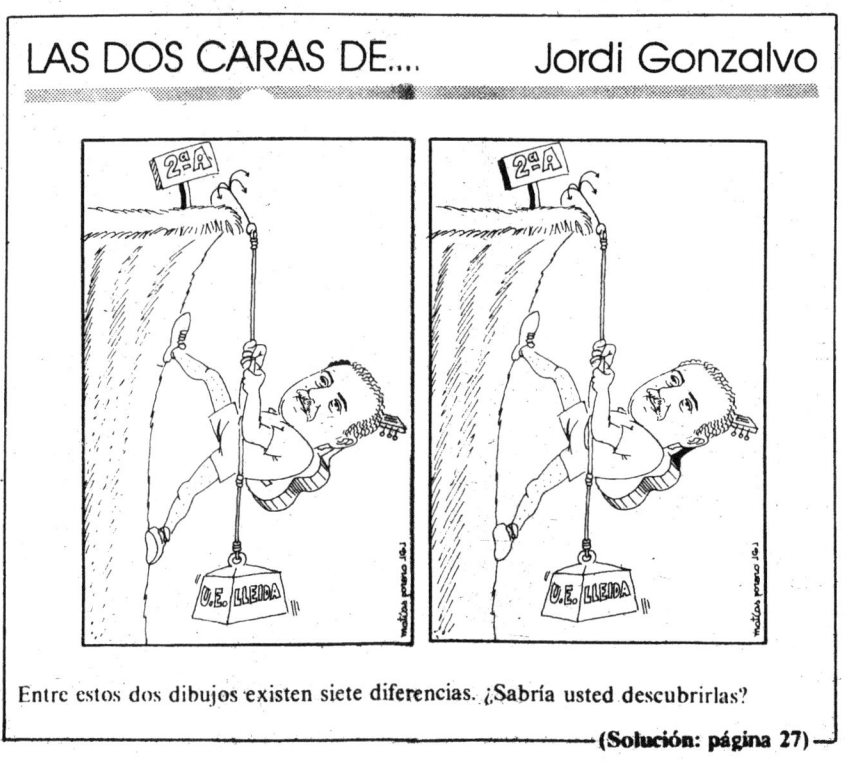

Dibujo de Paco Ermengol para el diario *Segre*, 1985.

existir el uno sin el otro. Entonces, en un momento dado (como diría Johan Cruyff...), ¿cómo debemos actuar cuando la creatividad y tranquilidad de nuestro Yin se ven alteradas por la soledad o la desmoralización ante los momentos negativos de nuestro trabajo como técnicos?

Podemos acogernos a la reactivación del sosiego y de la pausa dentro de nuestro propio Yin, para no transmitir emociones de inseguridad ni ser demasiado impulsivos o lentos en la toma de decisiones.

O, por el contrario, ¿por qué no activamos en nuestro Yang una buena dosis de fuerza, convicción y luz para esclarecer dudas, ayudándonos a identificar dichos desequilibrios, contrarrestarlos y compensar los declives emocionales del Yin?

Se trata de aprovechar las virtudes de ambos signos para lograr congeniar la fortaleza y la madurez de nuestros conocimientos, y conseguir así la estabilidad idónea en la transición de funciones del Yin al Yang y viceversa. Lograr la máxima compatibilidad y equilibrio, dotando de un nivel más alto de seguridad tanto a nuestra personalidad como a nuestro equipo.

3

SISTEMAS DE JUEGO. CÓMO DEFIENDO

REFLEXIONES DEFENSIVAS DE UN ENTRENADOR

El equipo es el fiel reflejo del entrenador: «tal eres, tal será tu equipo». Basándome en esta frase que imaginé y que siempre me repito, como también en una frase del jesuita francés del siglo XVII Louis Bourdaloue que adapté al fútbol y que decía que «El esplendor defensivo en la reputación de un entrenador es como un espejo al que el leve vaho de un mal resultado apaga en un instante todo su brillo», establezco las bases para unas normas aprendidas de otros entrenadores y las mías personales.

Son las primeras reflexiones generales que toma un entrenador para que la elaboración del plan defensivo de su equipo con variaciones en los sistemas de juego (1-4-3-3, 1-4-4-2, 1-3-5-2, 1-3-4-3, etc.), se fundamente en el análisis del tipo de jugador de que dispone en su plantilla.

A partir de dicha convicción, me propongo siempre confeccionar un plan de acción idóneo con el que pueda luchar con garantías en la competición en la que me encuentre y con unos objetivos realistas para estar en el punto más álgido de la clasificación.

El modelo tipo de cada jugador y cada línea tendrá, por tanto, un trabajo específico para el máximo equilibrio en todos los componentes de la plantilla, que se lleva a cabo en entrenamientos de implantación, desarrollo, mejora y perfeccionamiento tanto en el plano individual como en el grupal.

¿Qué prototipo de defensor —según el nivel físico, técnico, táctico y psicológico— es el más adecuado para cada línea y para cada sistema de juego defensivo que decidamos practicar y perfeccionar?

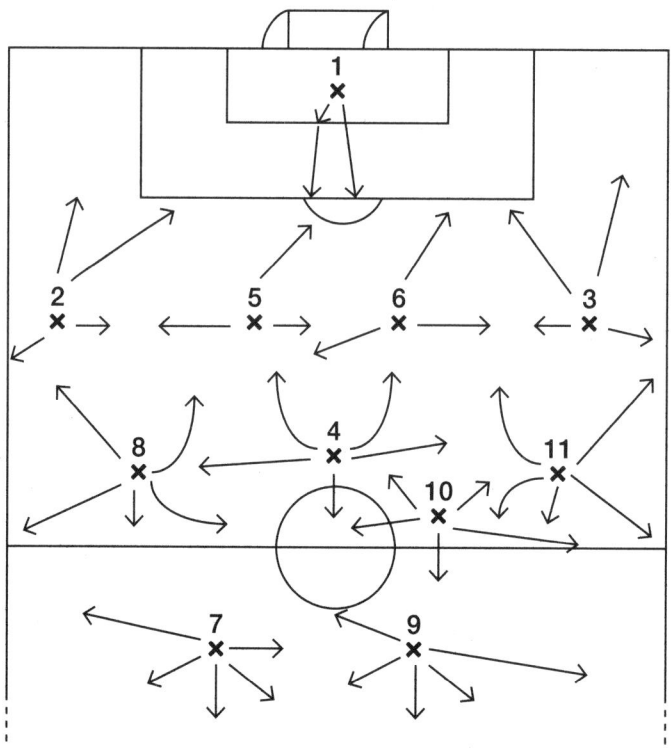

LÍNEA DEFENSIVA

Porteros

- Físico: Buena envergadura, ágiles, rápidos, reactivos, con reflejos y con oficio suficiente para decidir en los desplazamientos instantáneos en su área.
- Técnico: Dominio de las paradas, blocajes, desvíos, despejes, juego de pies y manos.
- Táctico: Seguridad en la colocación, ordenación defensiva, coordinación y lectura del juego.
- Psicológico: Autoridad, toma de decisiones y concentración.

Laterales

- Físico: Contundentes en la marca, resistentes en repliegue, veloces en reacción y en la progresión.

- Técnico: Ambidiestros para la seguridad de pases defensivos, entradas, despejes orientados, desvíos e interceptaciones. Buen juego de cabeza.
- Táctico: Conocimiento del posicionamiento para marcajes, vigilancias y basculaciones, toma de decisiones acertada para salidas en línea, coberturas cortas, medias y cruces. Sincronización de relevos y permutas.
- Psicológico: Sacrificio individual para presionar, marcar y recuperar la zona.

Centrales

- Físico: Fortaleza y contundencia por alto y por bajo, potentes en velocidad de traslación. Dominio de impulsión en los saltos.
- Técnico: Ambidiestros para la seguridad de pases defensivos, entradas a tiempo, despejes orientados, desvíos e interceptaciones. Dominio del juego aéreo.
- Táctico: Colocación y movimientos en toda clase de espacios, ajustes anticipativos para todo tipo de marcajes; toma de decisiones instantáneas para coberturas cortas, medias y largas, como también para cruces y vigilancias. Entendimiento para los relevos y permutas.
- Psicológico: Capacidad de mando, lectura y humildad en la toma de decisiones y superioridad en los duelos.

LÍNEA DEL MEDIO CAMPO

Medios

- Físico: Fuertes y contundentes en entradas tanto por alto como por bajo, resistentes para los múltiples desplazamientos de presión, bloqueo y repliegue.
- Técnico: Ambidiestros para pases defensivos, capacidad de conservar el balón, de hacer despejes orientados, desvíos y sobre todo interceptaciones en los repliegues posicionales.
- Táctico: Capacidad de maniobra para coberturas medias y largas, ocupación de espacios, repliegues zonales de cobertura, ayudas permanentes. Compenetración para los relevos y permutas de posiciones.

- Psicológico: Espíritu colectivo de trabajo para marcar, presionar, destruir, bloquear y recuperar la zona.

LÍNEA DELANTERA

Atacantes

- Físico: Velocidad y fortaleza para presionar, recuperar la zona y resistencia para realizar ayudas hasta su propio campo.
- Técnico: Ambidiestros para interceptar, desviar, despejar y pasar el balón defensivamente. Juego de cabeza en duelos con sus marcadores.
- Táctico: Movilidad, sentido de la primera presión y bloqueo proximal. Capacidad para jugar de espaldas y para guardar o ralentizar el juego. Compenetrarse para los relevos y permutas defensivas de apoyos.
- Psicológico: Fortaleza y sacrificio para el inicio defensivo del equipo, ayudas colectivas y permanentes.

Una vez determinadas las características ideales para enseñar, demostrar y poner en marcha el estereotipo de jugador y de todo el conjunto que defensivamente nos dará solidez, pongo en funcionamiento una serie de ejercicios con y sin balón para la compenetración de jugadores, de todas las líneas y con diferentes sistemas de juego. Se trata pues, de lograr en poco tiempo una base sólida con la que competir adecuadamente.

EJERCICIOS PARA UNA BUENA DEFENSA

¿Cuándo?

Ya en pretemporada y durante toda la temporada, es primordial destacar cómo realizar la sincronización de movimientos, el equilibrio y la equidistancia de líneas tanto a nivel individual como colectivo. Será necesario ensayar y perfeccionar durante todo un año dichos conceptos, añadiendo la variedad de sistemas de juego que empleemos. Para ello, es conveniente designar un mínimo de 2 o 3 días a la semana para la práctica y mejora de las condiciones técnicas y tácticas defensivas (individuales y grupales), mediante ejercicios específicos con y sin balón, en tiempo real competitivo y con oposición total adversaria.

¿Dónde?

Entrenar la zona de posicionamiento, el tiempo para la acción y la solución del conflicto son las bases que deberán constituir el trípode donde se sostenga la seguridad de un buen bloque defensivo. Parcelar las zonas del terreno de juego para trabajar individualmente, por líneas o con todo el equipo, aumentando los espacios hasta conseguir las mismas condiciones que se den en un partido de competición.

¿Cómo?

Técnicamente trabajaremos (individual y en colectivo) ejercicios en espacios reducidos y ampliados, conceptos como entradas, desvíos, despejes, interceptaciones, anticipaciones, etc., con todas las superficies permitidas.

Asimismo, y utilizando espacios limitados, medio campo o todo el campo, procederemos también, a base de ejercicios específicos individuales y por líneas, a ensayar y perfeccionar tácticamente los diversos tipos de posicionamiento, según donde esté el balón en juego: en diagonal, semicírculo, en línea, en V o Λ. Es muy importante corregir los «tempos» para una óptima colocación y para que las demarcaciones no queden desdibujadas y desarboladas. La presión, bloqueos individuales/colectivos y la temporización sobre las bandas y zonas determinadas del terreno de juego nos concederá el tiempo necesario para la reorganización del equipo con el fin de igualar o superar en número defensivamente a cualquier rival. Según el momento de la pérdida del balón practicaremos el repliegue posicional (más lento), o el intensivo (más rápido y enérgico). Si a esto le añadimos la equidistancia defensiva entre líneas, nos permitirá el buen orden y efectividad para las coberturas, cruces, relevos y permutas. Complementaremos todo este puzle táctico defensivo practicando los distintos tipos de marcaje: individual (a pares), zonal, mixto, el cierre de espacios, las salidas en línea y el fuera de juego.

Objetivo

Conseguir el máximo entendimiento entre todos los jugadores, sin descartar que algunos de ellos o la mayoría lo hayan practicado y perfeccionado en distintas demarcaciones ajenas a la suya natural, lo cual resulta básico para comprender las ventajas y desventajas que puedan existir tanto en el juego propio como en el del adversario.

La intensidad y compenetración con la que entrene el equipo serán fundamentales para que los futbolistas se convenzan de que es lo mejor y lo más necesario para el buen rendimiento de cada jugador, ya sea titular o suplente, así como para el éxito colectivo de toda una plantilla.

Trasladar a la entidad, a la afición y, en especial, a la plantilla, la sensación de confianza por el trabajo desarrollado durante toda la temporada y que vendrá refrendada por la solidez y practicidad del sistema defensivo exhibido partido a partido.

Para completar este apartado del objetivo en la labor protectora de nuestra portería, soy amigo de escribir como sinopsis en las paredes del vestuario una serie de normas futbolísticas destinadas a combatir el desaliento y promover el positivismo ganador, tanto para el que juega como para el que espera. En concreto, y para recordar lo que se ha trabajado bien defensivamente durante toda la temporada, es un resumen de los ejercicios practicados que quedarán reflejados en el

Decálogo de normas generales para una buena defensa

1. No salgas al campo a defender si no es para ganar.
2. Todos defienden: si uno falla, falla el sistema.
3. Entrarás al balón más duro que ayer.
4. No utilizas el marcaje tú solo, todo el equipo lo hace contigo.
5. Presiona arriba, ahoga en medio campo y anticipa atrás.
6. Repliega ordenadamente, con y sin balón, para equilibrar mejor los espacios.
7. No permitas que el contrario te engañe: defiende convencido de tu superioridad.
8. Tu buen posicionamiento defensivo no solo te premia a ti, sino a todo el equipo.

9. Si encajas un gol por un error defensivo debes reconocerlo, aprender de él, corregirlo y olvidarlo.

10. Al final, recuerda que tu mente está preparada para triunfar, y la de tu oponente para perder.

Y como broche a este capítulo, es de obligado cumplimiento detallar un ejercicio posicional que pueda servir para cualquier sistema de juego. Indudablemente, cada entrenador es dueño de sus esquemas, pero la humildad del aprendizaje nos hace más sabios en nuestro quehacer como técnicos.

«LA SIERRA» COMO ORDEN DEFENSIVO

«No importa cuánto corras, solo hacia dónde y por qué». Esta es una recordada frase del entrenador de fútbol checo Zdeněk Zeman, afincado en Italia desde 1968, que utilicé siempre en la mayoría de los equipos a los que entrené. Esta frase fue nuestro lema principal para el trabajo defensivo cuando nos replegábamos en nuestra propia mitad de campo.

No importa si se propone defender con ocho jugadores por detrás del balón (portero, cuatro defensas y tres centrocampistas) o defender con diez jugadores por detrás del balón (portero, cinco defensas y cuatro centrocampistas, o cuatro defensas y cinco centrocampistas) en momentos determinados del juego, si todos están debidamente posicionados para cubrir los espacios libres intermedios que puedan quedar entre la línea de los defensas y la de los centrocampistas.

En los dibujos se pueden apreciar los dientes de sierra (forma de la letra V o V invertida, entre los defensas y los centrocampistas), que sirven para ocupar racionalmente la amplitud y la longitud del campo de fútbol y situar a los defensas y medios al límite o fuera de nuestra área.

Observar este sistema y practicarlo con continuidad en los entrenamientos, en situaciones en las que el balón venga desde diversas procedencias y en que los rivales se muevan siempre de forma diferente, ofrece múltiples ventajas para todo el equipo. Entre ellas: la ordenación de los futbolistas, su posicionamiento, atender mejor a las vigilancias sobre el

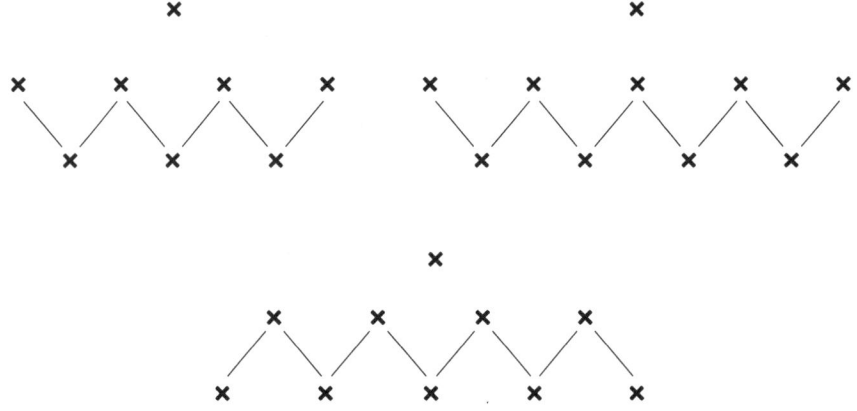

movimiento del adversario, afinar las coberturas (es decir, proteger la espalda de los compañeros), ejecutar mejor los marcajes simples (a un solo rival) y dobles (a dos rivales en momentos precisos), la anticipación, la seguridad mental y el sentido de la colectividad.

Todos estos aspectos prevalecen sobre las desventajas: la disgregación (es decir, pérdida de posición) y la concesión de nuevos espacios, aunque estas pueden ser solventadas por las ayudas de los compañeros. Ser capaz de transmitir esta sensación al equipo lo dota de confianza individual y solidaridad.

«¿CON QUIÉN JUEGO? ¿CÓMO JUEGO EN DEFENSA?»

No quisiera acabar este capítulo sin mencionar alguna de las muchas anécdotas sucedidas a lo largo de mi carrera como entrenador, y más concretamente en el aspecto defensivo. Son ejemplos de decisiones tomadas con toda la convicción del mundo y basadas en hechos contrastados que dan, generalmente, seguridad y confianza cuando se han trabajado a conciencia.

Decía Savielly Tartakower —maestro de ajedrez ruso, posteriormente naturalizado polaco y francés— que «la táctica consiste en saber qué hay que hacer cuando hay alguna cosa que hacer».

En un curso para entrenadores de fútbol sobre la metodología del FC Barcelona, que tuve el placer de compartir con Joan Vilà (antiguo entrenador de todas las categorías inferiores del club azulgrana y exdirector de su área de Metodología), invitamos a una eminencia: Paco Seirul·lo, preparador físico y técnico de metodología del FC Barcelona. Un entrenador asistente al curso le preguntó qué método físico aplicaría a su equipo en pretemporada. La respuesta maravillosa del maestro Seirul·lo fue la siguiente: «Lo primero que debe hacer un entrenador en pretemporada es explicar y preparar el sistema táctico con el que debe jugar su equipo». No puedo estar más de acuerdo, pero quizás añadiría que para ello debes conocer de qué tipo de jugadores dispones y cómo juega o jugaba el equipo del que se va a preparar la pretemporada.

En mi primera temporada como entrenador en la UE Lleida, entonces en Segunda B, realizamos un *stage* de siete días en Solsona, en el Prepirineo leridano, para conocer mejor a mis nuevos jugadores y establecer una planificación de trabajo y desarrollo, tanto de pretemporada como de temporada. Defensivamente tenía jugadores corpulentos, no excesivamente rápidos, pero sí de cierta experiencia profesional en la categoría. Los defensas marcaban al hombre en una configuración de cuatro: laterales derecho e izquierdo, un central marcador y un líbero por detrás de los tres compañeros de línea. Dicha configuración obligaba a un gran desgaste físico y a una perfecta concentración mental para el marcaje a pares, pero además suponía, inevitablemente, dejar huecos y espacios que condenaban al sistema defensivo a la desorganización del posicionamiento.

Analizando dichos pormenores deduje que los defensas, y en general el sistema defensivo del equipo, aceptarían mejor jugar en zona con relevos en las marcas como primera condición. Tuve, en principio, la negativa de los jugadores: el futbolista siempre tiende a no cambiar sus modos de proceder sobre el campo si estos le funcionan, y responde más individualmente que en decisión conjunta. Sin embargo, les pedí que me dieran cuatro días para probar una nueva fórmula de marcaje más acorde a sus posibilidades y a la conveniencia de todo el equipo.

Afortunadamente, en todos los ensayos percibieron una mejora en el esfuerzo, en la correlación de ideas, en el alcance y la ocupación de espacios, en la anticipación y en la seguridad mental. Al finalizar dichos cuatro entrenamientos específicos, jugamos nuestro primer encuentro amistoso de pretemporada, con notable éxito en el marcaje zonal. En el siguiente entrenamiento los invité a volver al sistema anterior y, por tanto, marcar al hombre. Por supuesto, no quisieron, al valorar más las ventajas de esta nueva fórmula de acuerdo con sus virtudes futbolísticas.

Nunca más me volvieron a proponer el marcaje al hombre.

4
Sistemas de juego. Cómo ataco

Reflexiones ofensivas de un entrenador

«Tal como juegues y seas, así será tu equipo». Generalmente, los entrenadores nos juzgamos y actuamos influidos por los conocimientos y la intuición pero, sobre todo, por los deseos de cómo queremos que juegue nuestro equipo.

Reconozco que me atrae mucho más en el fútbol construir y definir que destruir y conservar. Cada entrenador tendrá, por tanto, una forma de actuar personal e intransferible, aunque nunca debamos olvidar que el mejor funcionamiento de un equipo depende del equilibrio reinante entre defensa y ataque.

Por ello, siempre recuerdo la adaptación al fútbol que realicé con la frase de Jean Paul Richter que decía: «La necesidad de la victoria es la madre de las artes ofensivas, pero también la abuela de los vicios», para no obcecarme en exceso con la programación, o también la que ideé para no olvidar que es el entrenador el que tiene que proponer: «A veces, el mal ataque de un equipo es simplemente falta de información y ensayo».

Dos frases míticas adaptadas al fútbol que dan pie a las primeras reflexiones y conjeturas sobre la mejor forma de planificar las acciones ofensivas de un equipo. Por supuesto, debe haber un equilibrio entre defensa y ataque para que el colectivo cumpla los mismos objetivos que se establezcan para el bloque defensivo, en cuanto a la variación de los distintos sistemas de juego que pongamos en marcha (1-4-3-3, 1-4-4-2, 1-3-5-2, 1-3-4-3, etc.), pero también debe estar fundamentado en el análisis del estereotipo de jugador que tengamos en plantilla.

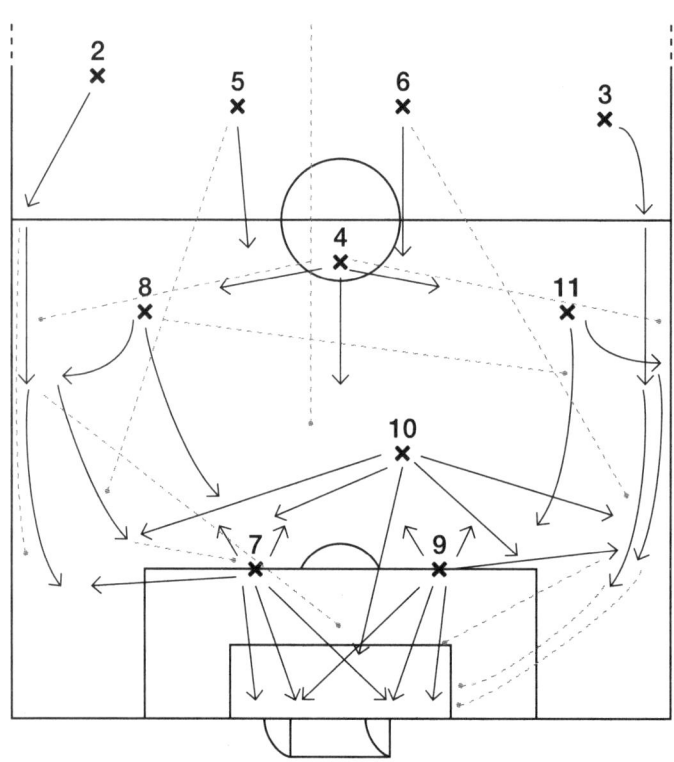

Los conceptos de implantación, desarrollo, mejora y perfeccionamiento, tanto a nivel individual como en conjunto, deben ser tratados para cada jugador según el tipo de atacante por su nivel físico, técnico, táctico y psicológico, como hemos indicado en el capítulo anterior.

LÍNEA DEFENSIVA

Porteros
* Físico: Buena envergadura, agilidad, con reflejos y rapidez en su área para el inicio inmediato de nuestro juego ofensivo.
* Técnico: Buenas manos y pies para despejes, desvíos, pases cortos, medios y largos. Capacidad para iniciar y dar continuidad a nuestro primer ataque o contraataque.
* Táctico: Capacidad de lectura del juego inicial ofensivo para su propia colocación y la de sus compañeros de línea.

- Psicológico: Demostración de autoridad, toma de decisiones, concentración y comunicación con sus compañeros.

Laterales
- Físico: Velocidad de reacción y progresión para esfuerzos anaeróbicos en recorridos cortos, medianos y largos.
- Técnico: Ambidiestros para un control seguro orientado, conducción, regate, pase, centro y remate, tanto por alto como por bajo.
- Táctico: Posicionamiento abierto para transiciones, desdoblamientos, apoyos, combinaciones y finalizaciones en las distintas zonas de progresión del terreno de juego.
- Psicológico: Toma de decisiones programada con la mejor velocidad de ejecución, ya sea por sistema o en libre iniciativa.

Centrales
- Físico: Zancada progresiva para salidas y apoyos desde la primera línea. Potencia para las recuperaciones de balón por bajo y de cabeza.
- Técnico: Ambidiestros para los controles, conducciones, pases cortos, medios y largos. Juego aéreo de inicio desde la primera línea.
- Táctico: Inicio del juego ofensivo en todas direcciones según el perfil del jugador, con variación de pases diagonales y verticales, cambios de orientación. Aprovechamiento del juego aéreo en estrategia ofensiva. Vigilancias.
- Psicológico: Autoridad y capacidad de mando para la sincronización de salidas. Agresividad controlada para acciones recuperadoras del esférico.

LÍNEA DEL MEDIO CAMPO

Medios
- Físico: Resistentes para ocupar espacios cortos, medios y largos en transiciones fuera de zona.
- Técnico: Ambidiestros, con seguridad y variación en los controles orientados y los pases; capacidad de ganar espacios por conducción, regate y tiro desde cualquier distancia. Juego aéreo de distribución.

- Táctico: Inicio de la transición y capacidad de ganar espacios en campo rival. Incorporaciones sorprendentes desde segunda línea para asistencias y finalizaciones. Desmarques de apoyo y de ruptura. Apoyos creativos.
- Psicológico: Mando para organizar la transición defensa-ataque. Energía y positivismo grupal.

LÍNEA DELANTERA

Atacantes

- Físico: Reactivos y veloces en desplazamientos en todas direcciones. Contundentes para la presión y el robo de balón. Fortaleza para las disputas por alto y por bajo. Resistencia anaeróbica para esfuerzos continuados.
- Técnico: Ambidiestros para el control de protección y orientado. Conducciones, regates, fintas, pases, tiros a puerta tanto por alto (juego de cabeza) como por bajo (control y remate).
- Táctico: Movilidad constante por todas las zonas del ataque, apoyos, desmarques de ruptura, control de zonas inmediatas de posición para finalizaciones.
- Psicológico: Decisión e imaginación libre para toda clase de remates. Sacrificio de rendimiento individual en beneficio del conjunto.

Igual que se ha explicado en el capítulo anterior «Sistemas de juego. ¿Cómo defiendo?», y determinadas las opciones de entrenamiento y mejora por líneas, podemos ya establecer una serie de ejercicios de índole general, con y sin balón, para la progresiva compenetración de los jugadores, tanto en el ámbito individual como, especialmente, en el colectivo, para la práctica de distintos sistemas de juego.

EJERCICIOS PARA UN BUEN ATAQUE

Dibujo de Paco Ermengol para el diario *Segre*, 1986.

¿Cuándo?

En pretemporada y temporada como mínimo 2 o 3 sesiones semanales. Práctica y mejora de sincronización en los movimientos, equilibrio y equidistancia de líneas técnica y tácticamente. Posiciones y desplazamientos para el despliegue ofensivo de todo el equipo. Ejercicios específicos con y sin balón, en tiempo real competitivo y con oposición total del adversario.

¿Dónde?

Entrenar en las distintas zonas del terreno de juego (zonas 1-2-3), ya sea en espacios cortos, medianos o grandes. Dependiendo de la zona de inicio trabajaremos diversos ejercicios específicos de inicio, progresión y finalización con control de tiempo para las distintas acciones. Se corregirán las situaciones adversas para asegurar un buen planteamiento ofensivo.

¿Cómo?

Técnicamente, se mejorarán las acciones individuales y colectivas con ejercicios específicos, por alto y por bajo, en espacios reducidos y ampliados: como la conservación del balón en controles orientados, pases, regates, conducciones y tiros a puerta.

Tácticamente, y utilizando espacios limitados, medio campo o todo el terreno de juego, procederemos en fases individuales y colectivas a planificar, practicar y mejorar los diversos posicionamientos de inicio, transición y finalización. Practicaremos, además, con distintos sistemas de juego para dotar de más importancia a los conceptos generales de ataque posicional, masivo y contraataque.

Añadiremos la máxima amplitud de campo para los desdoblamientos en profusión de apoyos, triangulaciones, desmarques de apoyo y ruptura, cambios de orientación y rotaciones continuas para dar sentido, equilibrio y continuidad a nuestra ofensiva.

Objetivo

Cumplir con la frase mítica del entrenador escocés Bill Shankly —que nos recomendaba que si, ofensivamente, «recibes la pelota en el área y no sabes qué hacer, métela dentro y después discutiremos las opciones»—, nos puede servir para:

- Convencer a cada jugador de que nuestro sistema de juego empleado para atacar es el mejor y que contrarresta los sistemas de nuestros rivales.
- Comprender las ventajas y desventajas de la mayoría de nuestros movimientos, tanto los propios como los de los adversarios.
- Conseguir la mayor compenetración, con y sin balón, entre todos los jugadores.
- Que el sacrificio y la lucha del bloque conecten no solo con la afición, sino con todos los estamentos de la entidad para la que se trabaja.
- Mejorar el ritmo creciente y la velocidad ejecutiva de las distintas acciones, cada vez más automatizadas, tanto en juego como en estrategia.

- Que la igualdad y la superioridad numérica atacante en las distintas zonas del campo, nos permita gozar de mayores oportunidades para la eficacia final del gol.
- Más que conceptos numéricos por demarcaciones fijas en los sistemas de juego (1-4-4-2, 1-4-3-3, etc.), será preciso trabajar las variaciones de posición de los jugadores en función de donde esté el cuero para lograr que el acordeón ofensivo nos conceda equilibrio, igualdad y superioridad numérica en cualquier zona del terreno de juego.

Con todos estos argumentos lograremos tener más oportunidades de finalización en cualquier tipo de jugada.

Me gusta cerrar al máximo la perfección del trabajo bien hecho, instando a cada futbolista el buen uso de la libertad e imaginación de acciones técnicas y tácticas individuales para una mayor efectividad del juego colectivo.

Y la mejor manera de concluir este objetivo ofensivo, al igual que se hace en el aspecto defensivo, es exponer a la vista sagrada del vestuario el

Decálogo de normas generales para un buen ataque

1. ¿Sabes cuál es tu parte favorita del ataque? La oportunidad de jugar.
2. Un partido lo puedes ganar tú solo con un remate, pero todo un campeonato lo conquista el equipo.
3. Ataca siempre con confianza en la victoria, porque perder puede convertirse en un hábito.
4. No importa cuánto atacas, sino hacia dónde y por qué.
5. Chutarás a puerta tres veces más de lo que piensas.
6. Tu mejor ataque finalizará en gol, en una ocasión clara o, como mínimo, con el balón fuera del terreno de juego en campo contrario.
7. La virtud del buen ataque reside en erradicar la jugada individual que carezca de la mínima efectividad.
8. Donde no llega el ataque en juego para resolver un partido, llega la buena estrategia ofensiva.
9. Cuanto más cerca del área contraria recuperas el balón, más cerca estás del triunfo.

10. Convéncete de que lo mejor para tu equipo es atacar, y no defender el resultado.

Aplicar y expresar este decálogo en forma de ejercicios específicos es la mejor manera de concluir este capítulo. Uno de ellos, que me ha dado y me sigue dando mejores resultados para desatascar repliegues intensivos de los contrarios, es la explotación de los espacios en los pasillos interiores.

LAS PEQUEÑAS GRANDES TÁCTICAS

Este es un apéndice tan importante como necesario para cualquier entrenador que, siendo fiel al lema «En cada táctica hay una historia para que en cada partido se consiga una victoria», tenga la obligación de buscar soluciones en forma de antídoto táctico en un mismo encuentro.

Su finalidad es dar la vuelta a un resultado en contra, recuperar o tener el control del partido, encontrar una solución cuando tu equipo se queda en inferioridad numérica o, simplemente, cambiar la dinámica ante factores externos al juego, como un arbitraje perjudicial, un ambiente hostil e influyente por parte del público, o condiciones adversas del terreno de juego o atmosféricas (viento, lluvia, nieve).

Para ello, es preciso entrenar durante la pretemporada y temporada acciones distintas a las habituales que practicamos como mejores sistemas de juego según nuestras condiciones de plantilla. Son distintas batallas y planes estratégicos que utilizamos para combatir en un partido en el que el enemigo, no siendo superior a tu equipo, no te deja manejar los designios del match como tú estás acostumbrado o como tú quisieras. Son equipos que te han estudiado, han creado y trabajado antídotos tácticos para minimizar tu supuesta superioridad en el juego y, en consecuencia, en el marcador final.

En principio, es necesario adaptar unas normas generales de explicación y aplicación a toda la plantilla para su aquiescencia y convencimiento, sin improvisaciones. Asimismo, es preciso dedicar un mínimo de una sesión por semana, en espacios reducidos, medio campo o terreno entero, por líneas o demarcaciones, y tanto en el aspecto defensivo como ofensivo.

EL JUEGO SIN BALÓN

Es como preparar una partida de ajedrez, estudiando todos los movimientos y poniéndolos en práctica en el terreno de juego. Se llevan cabo sesiones específicas para la preparación de partidos importantes, con el fin de automatizar otros movimientos tácticos de los jugadores, ya sea individualmente, por líneas o demarcaciones, y utilizarlos en un determinado encuentro como reacción a lo que no está funcionando. Para su mejor entendimiento, es mejor explicarlo teóricamente en espacios muy reducidos, con movimientos lentos de los participantes para, posteriormente practicarlos en espacios de juego real, pero siempre sin balón.

Por poner un ejemplo defensivo: cómo mover a los jugadores de la media y la defensa para ajustar las basculaciones si el contrario utiliza con efectividad los cambios de orientación para superar por bandas nuestro lado más débil de efectivos. O cómo nos moveremos ofensivamente para crear espacios libres de desmarque en defensas rivales de máximo repliegue intensivo en la zona 1.

La continuidad y la rapidez en la comprensión son armas fundamentales para intentar cambiar o mejorar los atascos que aparecen en algunos partidos y que precisan de una o diversas variaciones tácticas en la forma habitual de jugar.

SER INFERIOR AL RIVAL

¿Cómo cambiar la dinámica del juego dentro de un partido cuando nuestro sistema táctico habitual no es superior al del rival?

Puede deberse a accidentes ocurridos en un partido en el que vas igualado o por detrás del marcador; a que tu equipo no encuentra la forma de no ser superado defensivamente; a que no tienes el control ni el ritmo de juego; a que tu sistema atacante no consigue crear ocasiones de gol. Son conclusiones lógicas de ser inferior al rival, ya sea por diversos motivos a veces inexplicables o porque, realmente, aceptas que el adversario es más fuerte que tú.

La solución a dichos problemas pasaría por trabajar en entrenamientos específicos con balón, por prever el técnico un cambio del sistema táctico, o por aplicar una forma distinta de defender. Por citar algunos ejemplos, se podría disponer una defensa de cinco cuando el sistema táctico utilizado normalmente es de cuatro defensas; atacar con más de un delantero centro; buscar con mayor frecuencia los ataques directos sin transiciones; o jugarse la baza de nutrir la línea media con más elementos porque no dominas dicha zona. Todo ello sin caer en la improvisación ni en introducir numerosas variaciones al mismo tiempo, para no desorientar mentalmente al colectivo.

Las repeticiones de pequeñas variaciones en nuestros habituales ensayos tácticos, sin y con balón, pueden llevar a una solución a un partido, o al menos a mejorar una situación que desconcierta a tu propio equipo y a la afición en encuentros encallados en distintas fases de una temporada.

SER SUPERIOR AL RIVAL

¿Si en un partido determinado estoy siendo superior a mi adversario, por qué he de cambiar estructuras básicas en mi forma habitual de jugar?

Existen múltiples respuestas a dicha pregunta porque la sensación que puede tener el entrenador en el transcurso de un encuentro es que, a pesar del dominio y superioridad sobre el adversario, su equipo no encuentra la forma de solventar situaciones de gol; que el rival, pese a su inferioridad, domine el marcador, o que el constante ataque masivo, con sus mecanismos bien desarrollados, no baste para perforar esa cerrada y bien dispuesta red defensiva contraria.

Para solucionar dicho conflicto, primero he de convencer a la plantilla de que las variaciones tácticas o cambios efectuados que vamos a practicar en los entrenamientos específicos, y que se van a aplicar en el transcurrir de un encuentro, no afectarán mentalmente al futbolista que en ese momento cree en lo que está ejecutando y que la perseverancia de nuestro habitual sistema de juego le traicione el subconsciente y caiga en la desconfianza.

Una vez explicado y convencido, el equipo debe estar preparado para aceptar y confiar en que las variaciones tácticas que trabajaremos en las sesiones designadas para ello, con el balón como protagonista, puedan ser una forma efectiva de revertir la situación y, al mismo tiempo, desorientar a un rival que se estaba haciendo fuerte mentalmente con el paso de los minutos.

Ejemplos para mejorar en los entrenamientos específicos que practicaremos regularmente pueden ser los cambios de un determinado perfil de jugador que aporte características distintas de creación y finalización; una forma de apurar con más practicidad y variedad nuestros ataques tanto en los centros desde las bandas, como disponer a los jugadores de segunda línea más cerca del área rival para aprovechar segundas o terceras opciones y chutar más o mejor a portería; o «tirar el anzuelo» y replegarse durante algunas fases del encuentro para que el rival te domine, y tú hayas ensayado como contraprestación ataques rápidos o contraataques para encontrar más espacios o una nueva forma de aprovechar tus llegadas.

IGUALDAD, «TOMA Y DACA»

Quizás este apartado sea el más apreciado por la mayoría de los entrenadores que quieran y puedan entender el fútbol como el más bello y emotivo deporte para demostrar sus conocimientos y preferencias.

El «todos atacan, todos defienden» deja el egoísmo escondido en el cajón de los olvidos y permite que la demostración del poder futbolístico en un partido entre dos equipos sea el premio reconocible de su ambición. Dicho de otra manera: no hay mejor espectáculo que ver enfrentados a dos equipos que buscan sin excusas la victoria, primando los ataques sobre las defensas. Es el «toma y daca», el «si tú me atacas, yo te ataco», «si tú me ganas, yo te gano», por encima de cualquier atisbo de especulación defensiva, del «yo juego al cero en mi portería».

Pero también es cierto que, cuando el equipo opta por arriesgar al máximo, debe imperar un orden táctico que permita utilizar adecuadamente sus recursos futbolísticos para combatir al enemigo. No vale el «yo me voy arriba sin orden ni concierto», y, por tanto, se intenta que los jugadores entiendan qué tipo de partido están disputando bajo estas características. Lo podemos hacer con situaciones y movimientos estudiados y puestos en práctica en entrenamientos semanales destinados a tal fin.

El entrenador dedica, pues, dichas sesiones especiales con balón a colocar estratégicamente a sus efectivos para que dichos ataques y defensas sin fin tengan un razonamiento táctico de posicionamiento que no deje desguarnecida a ninguna de sus líneas, especialmente la defensiva. Ello incluye la explicación y puesta en marcha de las vigilancias ofensivas, la superioridad de futbolistas en diversas zonas del campo (especialmente la zona 2, en el medio campo) y la aparición de suficientes futbolistas en el despliegue atacante para igualar o superar al adversario en la zona 3. Los movimientos en acordeón, aproximación y separación de espacios accionan el equilibrio entre líneas, imprescindible para reconocer el trabajo bien hecho.

Así es como estas pequeñas grandes tácticas nos ayudan, como máximos responsables de un colectivo, a perfeccionar nuestra labor y a dar calidad a nuestro juego.

Gana el fútbol.

LOS PASILLOS

Solución ofensiva

El entrenador catalán *Nitus* Granados, muy recordado extremo del Girona FC de los años setenta y que ha dirigido a centenares de jóvenes jugadores en su Escuela de Fútbol de La Garrotxa, argumenta que «el fútbol no se enseña, se aprende».

Dicha frase siempre me ha servido para aprender, en la fase ofensiva del juego, cómo crear y ocupar los pasillos interiores, es decir, las zonas laterales de ataque comprendidas entre el área pequeña y el área grande. Se trata de encontrar una solución de máxima efectividad al problema de la creación de espacios y de dotar a mi equipo de oportunidades de gol.

Cuando el contrario se posiciona masivamente en su propio terreno de juego (ya sea con cuatro o cinco defensas, ya sea con cuatro, cinco o incluso seis centrocampistas), se limitan mucho los espacios para atacar estas defensas tan cerradas, que además tienen también predisposición a acumular muchos jugadores en un gran embudo por el centro de la retaguardia. Incluso, bajo mi punto de vista, todavía hay menos espacios cuando los defensores reducen la distancia respecto a su portería situando su última línea en el interior de su área.

Para superar estas situaciones, el trabajo de preparación específica en los entrenamientos debe pasar por:

1. Circulación del esférico en toda la amplitud del campo para abrir la defensa contraria, especialmente en la zona entre centrales y laterales o carrileros, con el fin de crear los espacios por los que penetrar.

2. Rapidez en la circulación del balón con oportunos cambios de orientación —es decir, pases largos de un lado a otro del ancho del terreno de juego—, para intentar descomponer la posición de medios y defensas contrarios cerca de su área y en el interior de esta.

3. Los desmarques de ruptura en dichos pasillos interiores (movimientos veloces, repentinos y explosivos hacia el área contraria con nuestros jugadores de segunda línea), ya sea en vertical o en diagonal, deben ser entrenados metódicamente. Hay que medir tanto la temporización del momento del pase al atacante que se desmarca como la finalización de este último, ya sea con centros o remates.

Con este trabajo se consiguen generar las siguientes situaciones, todas ellas ventajosas para nuestro equipo:

1. Desatasco del ataque por dentro cuando el contrario acumula defensores por el centro —ya sea fuera o en el interior del área grande— y nos dificulta la penetración en tan poco espacio.

2. El desdoblamiento (es decir, la aparición por las bandas de nuestros extremos o laterales), abre al máximo el campo y aprovecha toda su amplitud para obligar a los laterales y carrileros rivales a separarse de sus centrales y dejar hueco en los pasillos interiores.

3. El arrastre de los centrales y medios defensivos rivales por parte de nuestros delanteros en desmarques de apoyo (movimientos hacia nuestros compañeros que vienen de cara), provoca la separación de la línea defensiva contraria y propicia que se abran los caminos para los desmarques profundos de nuestros jugadores, en penetración desde la segunda línea.

4. Se proporcionan al futbolista varias posibilidades en la toma de decisiones cuando se desmarca en los pasillos: acabar la jugada con centros de distinta índole o con remates fructíferos en primera o segunda jugada, incluso cuando se reduzca el ángulo de tiro a puerta.

PASILLOS INTERIORES

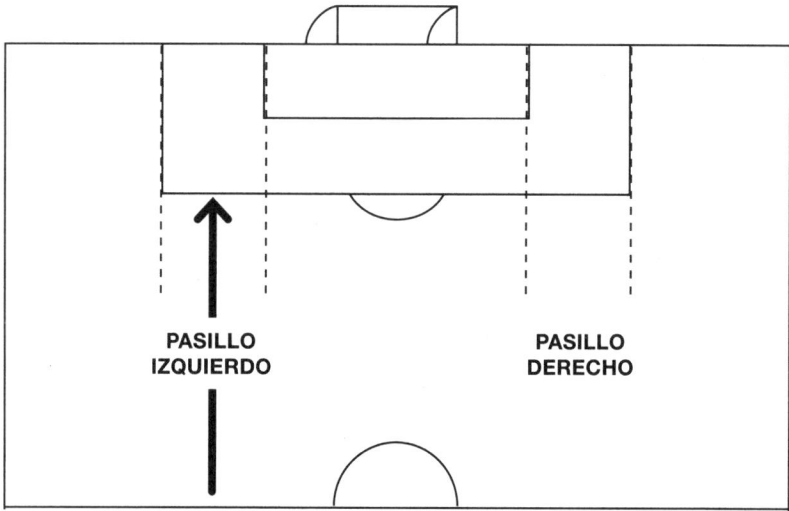

5
SISTEMAS DE JUEGO. ESTRATEGIA DEFENSIVA Y OFENSIVA

REFLEXIONES ESTRATÉGICAS DE UN ENTRENADOR

«La estrategia es saber qué hacer para ganar un partido cuando con la táctica, no hay nada que hacer». Esta frase del maestro de ajedrez polaco, nacionalizado francés, Savielly Tartakower se puede aplicar al fútbol como primer mandamiento para no olvidar la importancia del tema principal de este capítulo.

También podemos recordar una frase del futbolista Nelson Falcao, escogida y ligeramente corregida para este texto, que siempre ha sido el principio de la piedra angular de la planificación: «En la estrategia, la peor ceguera es solo ver el balón».

Por ello, es básico crear una lista equilibrada de acciones a trabajar, tanto en estrategia defensiva como ofensiva, que cumplan unos mínimos requisitos de funcionamiento y de rendimiento en distancias cortas, medias y largas.

Estas acciones podrían ser las principales:
- Saques de centro
- Saques de puerta
- Saques de banda
- Saques de esquina
- Faltas directas
- Faltas indirectas
- Penaltis

Empezaremos, pues, por analizar de qué tipo de jugadores dispo-
nemos para conseguir mediante la variación, la cantidad y la reiteración
de jugadas y/o de movimientos la adecuada eficacia. Una vez concluido
dicho análisis podremos añadir la concentración y la disciplina para una
óptima sincronización y sistematización de todas las acciones.

Para ello seguiremos utilizando los mismos conceptos de **Cuándo,
Dónde** y **Cómo** desplegados en los capítulos 3 y 4 («Cómo defiendo,
Cómo ataco»).

¿Cuándo?

Durante la pretemporada será fundamental explicar la importancia del
concepto de *estrategia*, detallando las analogías y las diferencias entre la
estrategia defensiva y la ofensiva, con el fin de establecer las bases del
trabajo a desarrollar y perfeccionar durante toda la temporada.

Estableceremos un mínimo de dos sesiones semanales, más frecuentes en pretemporada, con un tiempo mínimo de 30 minutos para cada
una. Se deberá desarrollar un número suficiente de maniobras distintas
para cada acción de las mencionadas anteriormente, pero no solo durante
la temporada regular, sino que deberán prepararse nuevas acciones en
caso de jugar un *play-off* u otros métodos de clasificación fuera de la Liga
tradicional.

¿Dónde?

Destinaremos todo el terreno de juego, parcelaremos los espacios en función del tipo de estrategia, tanto defensiva como ofensiva, que ensayemos
en cada sesión. Para ello tendremos en cuenta los valores en las distancias
cortas, medias y largas, así como la designación, tanto en defensa como
en ataque, de zonas específicas en el terreno de juego: *frontales* (frente a las
porterías), *laterales* (entre las líneas de banda y las líneas de área, prolonga-
das hasta los tres cuartos de campo), *diagonales* (entre el final de las laterales
y las frontales) y *distantes* (zonas centradas pero alejadas de las frontales y
que puedan superar también el medio campo).

¿Cómo?

Es fundamental trabajar indistintamente cualquier acción estratégica tanto con balón como sin él (sobre todo para los movimientos de bloqueos, arrastres, marcajes, desmarques, etc.).

Se deben reiterar jugadas y movimientos para conseguir un porcentaje alto de efectividad. El convencimiento y la disciplina en todas las acciones nos darán la posibilidad de aumentar la eficacia.

La estrategia defensiva: *Mané*

Es básico disponer de un estudio detallado de las principales jugadas de estrategia ofensiva utilizadas por la mayoría de los equipos con el fin de conseguir contrarrestar el efecto resultadista en nuestra contra.

Para ello, tendremos en consideración los siguientes principios generales que explicaremos e inculcaremos a todos nuestros jugadores a lo largo de la temporada:

- Máxima concentración en la colocación y anticipación para primeras, segundas y terceras jugadas del rival.
- Marcajes balón-hombre y hombre-balón con la recomendación morfológica de emparejar altos con altos, fuertes con fuertes y rápidos con rápidos.
- Bloqueo del balón para evitar los lanzamientos sorpresivos.
- Bloqueos físicos (sin cometer faltas ni penaltis) a los contrarios en los inicios de las prolongaciones, arrastres, desmarques, salidas de barrera, etc.

Y, más específicamente, para cada una de las acciones de estrategia defensiva a trabajar:

Saques de banda
- Ordenación zonal con atención a las prolongaciones contrarias.
- Anticipación, marcaje presionante, coberturas.
- Recomendable el «sandwich» (marcaje doble, uno por delante y otro por detrás del adversario) al jugador que recibirá el esférico.

Saques de esquina

- Ordenación zonal/diagonal de nuestros defensores, medios y delanteros para los posibles rechaces al límite del área.
- Disposición de nuestros jugadores: uno en el primer palo, uno en la zona «corta» y uno libre en la zona central.
- Marcajes zonales, mixtos (unos en la zona, otros a pares) o individuales (menos utilizado porque obliga a demasiados movimientos).

Faltas directas e indirectas

- Barreras de uno a cinco elementos en función de si son directas o indirectas, y en zonas próximas o alejadas de nuestra portería. Concretamente, en las faltas directas se colocarán barreras de cuatro o cinco elementos con salida rápida de un defensor para interceptar el tiro directo, el pase o los rechaces del portero.
- Colocar defensores para el cierre de los pasillos laterales y los pases al centro.
- Posibilidad de salir al fuera de juego con movimientos inmediatos y sincronizados en faltas laterales o diagonales.

Penalti

- Influir negativamente en la concentración del lanzador.
- Entrada rápida y legal al interior del área en el momento del lanzamiento para un posible rechace del portero, de forma que se impidan segundos remates.
- Aconsejar a nuestro portero sobre las características generales del lanzador: diestro por la derecha del portero, zurdo por la izquierda, jugador muy técnico que cambia dirección, esperar hasta el lanzamiento para interpretar fintas, etc.

Faltas distantes y saques de puerta

- Delanteros o medios impidiendo el lanzamiento rápido, situándose a 9,15 metros de distancia, intentando interceptar la trayectoria del balón o precipitando el error en la precisión del lanzamiento.

Saque de centro

- Bloqueo y presión inicial en el círculo central.

• Concentración y atención a los envíos, movimientos, desmarques y arrastres del equipo rival.

A todos y cada uno de estos conceptos de estrategia defensiva no hay que restarles ni un ápice de importancia, y para muestra, un botón. Me ocurrió en el estadio de Mendizorrotza, en un partido de Liga entre el Deportivo Alavés, y mi equipo, la UE Lleida, con empate a cero en el primer tiempo. Saque de centro inicial del Alavés en el segundo tiempo. Retrasan el balón a uno de los dos mediocentros, y estos temporizan el balón lo suficiente para que sus delanteros y un interior corran en *sprint* en dirección a nuestra área por zonas interiores. El siguiente movimiento es el pase del mediocentro derecho al izquierdo, que, con un pase diagonal izquierda-derecha, habilita al lateral derecho, quien se ha desplegado por banda hasta casi tres cuartos de nuestro campo. La ganancia de espacio libre conseguida por el extremo derecho, que ha arrastrado previamente a nuestro lateral izquierdo, deja el oportuno hueco para la presencia del lateral mencionado, el cual, en control orientado y con un posterior centro tenso y alto, envía el balón al segundo palo, donde ha aparecido sorpresivamente el marcador izquierdo (alto y potente en el juego aéreo) para rematar de cabeza al palo contrario y conseguir el gol.

La perfección hecha estrategia. Sin embargo, fue una jugada mal defendida por nuestra parte, por falta de atención y porque nos dejamos arrastrar por los desmarques sin balón efectuados por los delanteros contrarios. La fortuna nos sonrió, pues sacamos un buen empate a dos goles, pero volvimos a casa con la lección impartida por el rival: «Por mucho que te hayas entrenado y preparado, nunca dejarás de aprender».

Por dicho motivo, es fundamental la conexión con otros entrenadores o los análisis de formaciones estratégicas defensivas de otros equipos, para contrarrestar o, mejor aún, incorporar —con alguna variación si se quiere— algunas de estas acciones a nuestro sistema de juego.

Como ya he comentado en el capítulo 1, «Mi vida deportiva», establecí una inmejorable relación con José Manuel Esnal *Mané* (entrenador en Primera División del Lleida, el Alavés, el Athletic Club y el Espanyol, y de otros muchos equipos en categorías inferiores) para el intercambio de pareceres, sistemas y estrategias futbolísticas. Él dominaba la parcela defensiva en todos los apartados del juego y, especialmente, en los movimientos de estrategia defensiva. Me sirvió, y mucho, ver cómo, en las faltas laterales e incluso en algunas faltas diagonales, utilizaba la sincronización de movimientos de todos los defensores para avanzar su propia línea defensiva y salir al fuera de juego con una decisión digna del mejor estilo, lo que provocaba clarísimos *offsides* en los atacantes contrarios. Perfeccionaba dichas acciones hasta el punto de que el portero también avanzaba su posición, de modo que, en caso de que un contrario de segunda línea rompiera dicho fuera de juego, el guardameta llegara antes al balón.

Como colofón, su equipo no siempre realizaba en todas las faltas esta huida hacia adelante, sino que escogía, en algunos partidos, el orden y la cantidad de dichas salidas para que el rival no supiera cuándo se iban a efectuar dichas acciones.

Para la conclusión de este apartado, debe resaltarse que es necesaria la participación y la adquisición de los conocimientos de toda la plantilla con ejercicios alternativos en estrategia defensiva y ofensiva. Es decir, unos jugadores practican la estrategia defensiva específica mientras que el resto lo hacen en jugadas ofensivas de tono general y que normalmente practican los demás equipos, pero en este caso se da preponderancia a la corrección y perfección estratégica defensiva que nos ocupa.

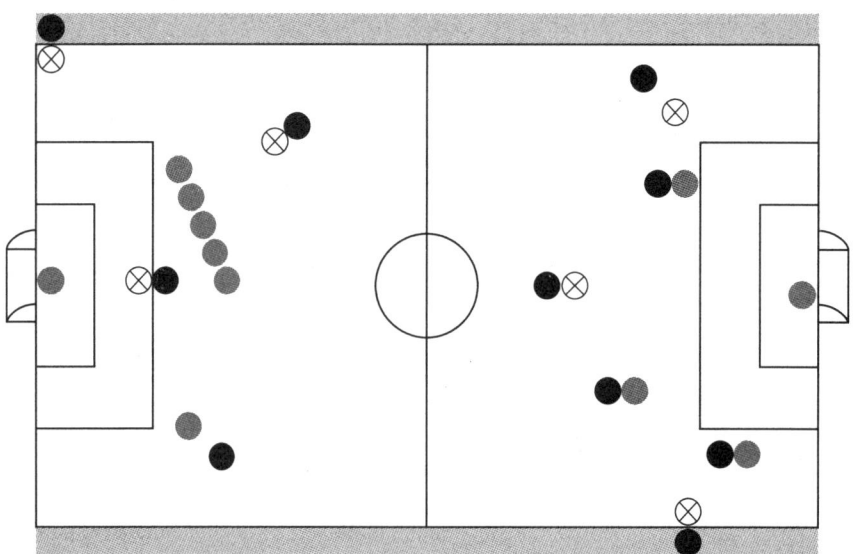

LA ESTRATEGIA OFENSIVA: *FIGU*

Después de muchos años y partidos vividos desde los banquillos, llegué firmemente a la convicción expresada por Tartakower y antes mencionada, de que «la estrategia ofensiva es el método más práctico del que dispone un entrenador para ganar un partido cuando la táctica no puede».

Para multitud de partidos cerrados, convulsos, en los que no se consigue combatir al adversario, tanto en el juego como en el marcador, disponer de soluciones de emergencia bien trabajadas puede y debe solventar un resultado. Las jugadas a balón parado son, en su mayoría, la solución perfecta.

Para ello tendremos también en consideración, como hemos hecho con la estrategia defensiva, esta serie de principios generales que explicaremos e inculcaremos a todos nuestros jugadores a lo largo de la temporada:

- Indicaciones claras y rápidas de los lanzamientos a realizar. No hace falta temporizar en exceso.
- Trabajar la colocación, la velocidad, la anticipación y la decisión para cada una de las acciones escogidas.
- Perfeccionar los lanzamientos mediante el factor sorpresa, a base de desmarques de ruptura y movimientos falsos de confusión y distracción para el contrario (por ejemplo, pasar por encima del balón uno o más jugadores).
- Atención y repentización (es decir, capacidad de improvisar con rapidez, un término también musical) a rechaces del portero y de las defensas rivales para aprovechar segundas y terceras opciones.

Y, más específicamente, libertad del técnico para escoger, en cantidad y calidad, las soluciones que mejor produzcan en cada una de las acciones de estrategia ofensiva, que se deben trabajar en:

- Saques de centro (mínimo, dos soluciones).
- Saques de puerta (recomendables, dos o tres).
- Saques de banda (cuatro o cinco, en función del lugar de ataque).
- Faltas directas (frontales, diagonales, laterales próximas) con ensayos continuos en primeras y segundas acciones de remate.
- Faltas indirectas (frontales, diagonales, laterales próximas y distantes) con ensayos continuos en primeras y segundas acciones de remate.

- Penaltis, con ensayos continuos en primeras y segundas acciones de remate.

Para el mejor resultado en dicho apartado, será preciso tener en cuenta las tres particularidades principales de cualquier estrategia:

1. Disponer de uno o varios lanzadores de técnica depurada para la ejecución.
2. Contar con rematadores de eficacia probada.
3. Diseñar una amplia variedad de jugadas distintas, persiguiendo siempre la máxima eficacia.

Las acciones a balón parado resultan, pues, muy necesarias para acercarnos, en pocas jugadas, a un resultado favorable. Para ello, también nos podemos fijar en otros deportes para asimilar y trasladar a la práctica futbolística lo que nos sea más conveniente. Yo, por ejemplo, incidía especialmente en los pateadores del rugby o del fútbol americano.

En referencia al primer apartado (disponer de buenos lanzadores), y de entre un buen número de jugadores de los diferentes equipos a los que entrené, uno de los mejores ejemplos se llamaba Fran Figueroa, alias *Figu*. Cuando yo entrenaba al Nàstic de Tarragona, en Segunda B, nos enteramos de que, a sus veintidós años, su club formador, el Valencia, no le veía proyección para llegar al primer equipo y, por tanto, quedaba libre. Era un jugador técnico, con una derecha maravillosa, que además poseía una clara visión del juego. Sus lanzamientos tensos, bien dirigidos, con efectos y alturas varias en faltas y penaltis eran inigualables en la categoría, casi perfectos.

Añadimos, entonces, jugadores con características físicas y técnicas para las finalizaciones. Faltaban los ensayos semanales necesarios para perfeccionar los complementos (fueran antes o en el momento de lanzar el balón) de bloquear a los defensas contrarios, arrastrar al rival a otros lugares para conseguir los espacios libres, medir los espacios a ocupar por nuestros rematadores y, sobre todo, la variedad de jugadas distintas a ejecutar (en cantidad y calidad) en función de qué tipo de lanzamientos de estrategia se tratara: saques de banda, faltas laterales, faltas diagonales (las que se ejecutan desde un costado del campo, pero más lejanas al área), faltas centrales (cortas, medias, largas, indirectas, directas)...

A pesar de las arduas y múltiples repeticiones y sesiones que dedicábamos (dos por semana) a este trabajo, conseguir la aquiescencia de la plantilla, después de tantos ensayos (aunque los resultados fueran claramente notables), fue clave para el devenir de la competición. Aquella temporada conseguimos 17 goles de estrategia ofensiva (de un total de 52, es decir, una tercera parte) que nos sirvieron para terminar la fase regular como líderes y disputar el *play-off* de ascenso a Segunda A.

Suficiente y productivo, pero, con continuidad, mucho mejor.

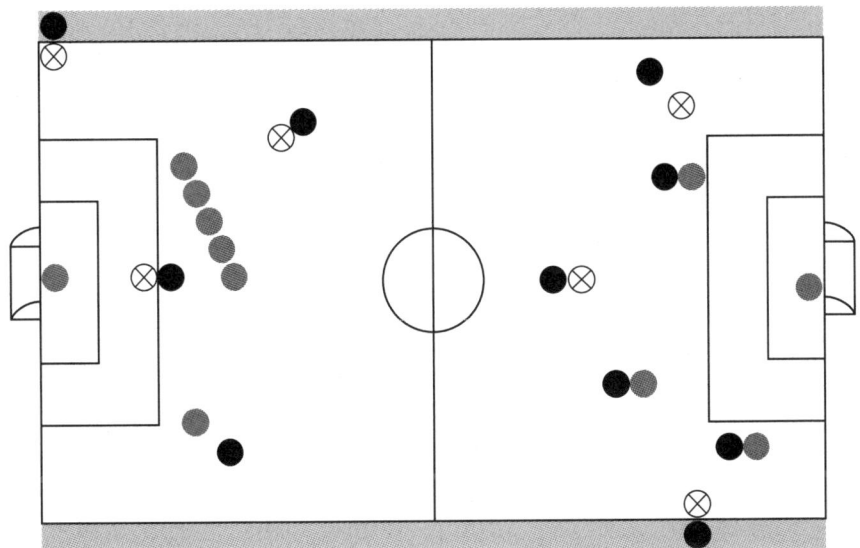

6
EL VESTUARIO.
CÓMO GESTIONAR SU RESPETO

Dicen de él que es el lugar sagrado donde la plantilla convive, desde el respeto mutuo, con el entrenador y el cuerpo técnico. Definición simple y comprensible para la gente que forma parte del mundillo futbolístico y para la que es externa a él.

No puede permitirse ningún tipo de intrusismo por parte de la directiva, los medios de comunicación o cualquier grupo ajeno. Así de claro y conciso, aunque puede admitirse un cierto matiz para las celebraciones y felicitaciones en caso de éxito por parte de los máximos mandatarios, principalmente.

No hay entrenador que no busque, en su entrada en un club, la complicidad y el equilibrio total del vestuario para evitar en sus jugadores el individualismo, el egocentrismo, los grupos y camarillas autoritarias y dominantes, o las malas artes de una sintonía mal entendida. Y también la dificultad que entraña encontrarse con un vestuario repleto, en mucho o poco, de profesionales venidos o no de otros clubes, con sus experiencias y egos a los cuales tienes que entender y saber llevar.

Para ello, en la mayoría de vestuarios, los entrenadores hemos dejado un legado en forma de reglamento interno de disciplina y comportamiento de obligado cumplimiento, o mediante escritos que lucían en las paredes con frases como una de Alfredo di Stéfano, «ningún jugador es tan bueno como todos juntos»; otra de Oscar Wilde, que nos recomendaba que «hay que batir el hierro mientras está caliente»; o las reflexiones de mi insigne profesor de psicología deportiva Santiago Coca (autor, hace ya cuatro décadas, del imprescindible libro *Hombres para el fútbol*), que afirmaba que «un vestuario debe poder, saber y querer jugar al fútbol, pero siempre juntos».

Mi principal objetivo en mis primeros clubes era alcanzar un plano de igualdad y reconocimiento entre las múltiples diferencias que pudieran existir entre los jugadores y yo. ¿Cuál es tu currículum futbolístico como jugador y el mío como entrenador? ¿Qué edad tienes? ¿En qué categoría estás jugando? ¿Cuál es tu situación económica? (yo podía llegar a los entrenos en un Renault 5, ellos podían conducir un Renault Alpine, un Mercedes). La credibilidad de los conocimientos del entrenador en las primeras tomas de contacto y, al mismo tiempo, el establecimiento claro, como técnico, de tus planteamientos y objetivos son factores muy importantes para el entendimiento entre los *muchos* y el *yo*.

Así, el descarte de rencores y falsas interpretaciones debía dar paso a la profesionalidad y al «todos tiran del carro», conceptos que debían ser compartidos por igual por parte de unos y otros.

Solía utilizar el diálogo como hilo conductor de unas relaciones con los jugadores que debían ser respetuosas en el trato y en el lenguaje. Servía, y sirve, como justificación de las mejores decisiones y del buen funcionamiento del *tête à tête* diario. A medida que avanzaba en la conexión con cada plantilla, iba manteniendo el estatus de autoridad, pero aportando los detalles necesarios para romper la distancia jugador-entrenador y equilibrar la relación deportiva-humana. Las sesiones de vídeos con aperitivo, las invitaciones individuales (para tratar temas concretos con un determinado jugador), la celebración de mi día del entrenador (San Jordi) con partidos de disfraces, premios y parrillada de carnes como colofón, la concesión sorpresiva de fiesta semanal en un entrenamiento, etc.

Aun así, en mis inicios en la antigua Segunda Regional, tuve que apartar de la competición durante un tiempo a algunos jugadores, jóvenes en su mayoría, que llegaban un domingo por la mañana, antes de disputar nuestro partido de Liga en el campo de la Satàlia (en el Poble-sec barcelonés), resacosos y luciendo gafas de sol para ocultar sus ojeras, a pesar de que este aspecto no tuviera influencia destacable sobre el rendimiento global del partido.

También tuve que castigar a dos jugadores del Levante, uno de ellos un muy buen futbolista, que se presentaron una hora más tarde de lo debido al último entrenamiento antes de disputar el último partido de la liguilla de ascenso a Segunda División contra el Salamanca en El Helmántico. Adujeron que habían velado toda la noche el féretro del padre de un amigo suyo, cuando, en realidad, su aspecto físico era deplorable y sus palabras, ininteligibles. Como «premio» les hice calentar los noventa minutos del partido, recorriendo la banda, arriba y abajo, y les obligué en días posteriores a invitar a una comida a toda la plantilla como desagravio colectivo.

Tuve que resolver con diplomacia máxima una pelea monumental entre un defensa lateral de la UE Figueres, de constitución atlética y fibrosa musculatura, que a veces diríamos que solía mostrar excesiva contundencia en su juego. Dicho jugador, en un entrenamiento, fue objeto de un túnel, caño o sotana (como quieran llamarlo) por parte de otro compañero, un veterano y habilidoso extremo zurdo. A la mofa del autor del regate se sumaron algunos jugadores más. El defensa le espetó que hasta allí había llegado el cachondeo. Al cabo de pocos minutos, segundo túnel ante la algarabía general y el desconcierto del rubio lateral. Bastaron pocos minutos para que, en un balón dividido entre los dos, el extremo fuera a parar a la primera fila del graderío del terreno de juego de El Far (el entonces estadio propiedad de la UE Figueres). Tuvimos que separarlos y tomar la resolución de arreglar el desaguisado en el interior del vestuario, que debe ser siempre el lugar donde pacíficamente deben resolverse dichas incidencias, como así fue, con una cerveza posterior conjunta.

Podría contar muchas más situaciones, pero justamente para evitar alteraciones negativas en el día a día del vestuario, opté por introducir ejercicios o sistemas de entrenamiento capaces de generar una competencia amistosa, buscando la superación, pero con una disminución de la adrenalina propia del «yo soy yo y nadie más».

Concretamente, en el Nàstic de Tarragona comencé, al final de los entrenamientos, a realizar sesiones de relajación oriental (aprendidas en mi etapa de práctica de kendo, un arte marcial conocido popularmente como esgrima japonesa): respiración y aislamiento del cansancio a base de introducir aire en el estómago y expulsarlo al cabo de veinte segundos. El silencio y el vacío del pensamiento concedía a los jugadores un momento de meditación que derivaba en una sensación de paz necesaria para la posterior convivencia pacífica del vestuario.

En casi todos los equipos a los que entrené practicábamos, un día a la semana, sesiones de *tennis-foot*: un juego eminentemente técnico, consistente en jugar con un balón de fútbol con todas las superficies corporales de contacto (menos los brazos y las manos, lógicamente) en una pequeña pista de tenis, previamente instalada, de seis metros de ancho y tres metros y medio de largo por costado, con una red intermedia de un metro y sesenta centímetros de altura. Nuestro reglamento era exclusivo: se jugaba con equipos de dos jugadores, uno siempre en el fondo de la pista y otro en la red. Los partidos eran a 15 tantos, y el saque lo debía realizar siempre el jugador más atrasado, de volea y con su pierna menos hábil. Se permitía un solo bote y un solo toque por jugador antes de devolver el balón. Cuando una pareja recuperaba el servicio, se cambiaban las posiciones (el delantero pasaba a ser defensa y este último se convertía en delantero). Se disputaba un campeonato a doble vuelta durante toda la temporada, con un suculento premio de un televisor portátil a cada uno de los miembros de la pareja ganadora y dos cucharas grandes de palo al equipo peor clasificado. Era tal la dedicación entre los competidores que las parejas diseñaban sus propias camisetas; yo jugué con una en la que habíamos impreso la leyenda «Go & Go», es decir, *Golo* y Gonzalvo.

Lo más destacado de este juego era la notable mejoría en la técnica individual de cada jugador, especialmente la de los porteros, y el compañerismo reflejado en los comentarios en el vestuario. Esta era una forma eficaz de gestionar el respeto entre los integrantes del grupo, el objetivo principal en el día a día de nuestro santuario.

LOS DEBERES DEL ENTRENADOR

Es un complemento ideal cuando ya se han establecido pautas dentro de un vestuario. Dentro de la complejidad que representa para el entrenador la planificación de toda una temporada, se esconde una parte de sí mismo en la que debe marcarse una serie de obligaciones, en forma de deberes, que lo ayudarán en su quehacer diario.

Es su primera tabla de multiplicar, tan simple como humilde para enterrar dichos como el del «entrenador vanidoso también se equivoca.

¿Quién tiene la culpa?, la culpa la tienen los que no son yo». La sencillez y la humildad deben ser, y son, herramientas de la personalidad necesarias para combatir la vanidad realista o los sueños de grandeza.

Para ello, plasmé por escrito como una tabla de mandamientos, una serie de connotaciones tanto técnicas, como tácticas y mentales que me recordaran día a día lo que podía hacer y lo que tenía que apartar de mi subconsciente. Frases creadas para grabar en la memoria y aplicarlas con el fin de conseguir mayor comprensión y efectividad de lo que sería mejor para el equipo y, en consecuencia, para mí.

Eran pensamientos, si se quiere, sin orden, pero con concierto. La moraleja posterior a cada precepto tenía que funcionar como una posdata, siempre conveniente para releerla y aplicarla como deberes que debía cumplir antes de comenzar una nueva semana, un nuevo entrenamiento o partido.

- No olvides nunca pregonar la disciplina, puntualidad y educación con serenidad y diplomacia, cuando cruces la puerta del vestuario.
  «Tu imagen y mil palabras deben reflejar lo mismo».

- Recuerda que, en ese vestuario, tienes veinticinco problemas distintos (principalmente, los jugadores). Ellos solo tienen uno: conocerte a ti.
  «Primero conócelos a ellos y, después, manifiesta cómo quieres ser tú».

- Busca el equilibrio psicológico en el trato con los jugadores para poder transmitir emociones y sentimientos sin que los nervios internos te impidan transformarlos en un impenetrable témpano de hielo.
  «La duda ofende, la decisión comprende».

- Intenta resolver los problemas y las situaciones del equipo como si estuvieras fuera del mismo, porque la madurez de un entrenador se pone de manifiesto en la paciencia psicológica.
  «El tiempo te dará la razón y, a veces, la salvación».

- El trabajo en los entrenamientos debe ser el fiel reflejo de lo que suceda en los partidos.
  «Propaga el optimismo para lograr la mejor eficiencia».

- En función del momento de la plantilla, debes crear el juego invisible en tu mente para cada partido y trasladar a la imaginación cómo quieres que juegue tu equipo.
  «La coherencia y la versatilidad no tienen límites».

- Analiza el momento de tu equipo y el del contrario para estar mejor que el rival cuando te enfrentas a él.
  «Supera la realidad de tus expectativas ganadoras, no las perdedoras».

- Inculca siempre el espíritu de lucha, sean cuales sean las circunstancias.
  «La cobardía y el temor no tienen cabida en tu vida».

- Anota las críticas hacia ti mismo para autocorregir tus defectos.
  «Sé comprensivo contigo, pero duro con tus resoluciones».

- Estudia y prepara motivaciones para afrontar la presión de la competición ante los malos resultados.
  «Destierra el defiéndete de la culpa con un ataque».

7
EL CUERPO TÉCNICO

Este capítulo, sobre los personajes que acompañan en su labor a un entrenador, es especial para mí. Representa la base y el sostén humano y profesional de la mayoría de los clubes de fútbol. Son, en muchos casos, como una segunda familia por lo que se comparte con ellos: experiencias, conocimientos y su acercamiento al yo persona y al yo entrenador.

El primer esfuerzo que yo debía realizar consistía en estudiar, lo más a fondo posible, cada uno de los cargos que ocupaban los especialistas del cuerpo técnico de un club. Se trataba de conocerlos para que me conocieran, de saber su metodología para que yo aprendiera; en definitiva, respetarlos en su idiosincrasia para que me respetaran.

Y, para mí, era obligatoria una estima mutua en lo profesional y en lo humanamente cercano, que se plasmaba en nuestras reuniones, charlas, comidas, aperitivos..., a los que frecuentemente invitaba como agradecimiento. Eran suficientes motivos para romper la tensión del trabajo constante y alcanzar una conexión amigable que contribuyera a la tranquilidad en el grupo.

La historia del fútbol nos recuerda cómo era antes el cuerpo técnico y cómo es en la actualidad. En mis inicios, y durante los periodos en que trabajé continuamente, en los años del 1970 al 2000, los clubes, en la mayoría de las categorías, disponían ya de su propio organigrama deportivo, con cargos creados generalmente para ser ocupados por personas y profesionales allegados a la entidad (antiguos jugadores, exdirectivos, exárbitros, médicos, fisioterapeutas, masajistas, utilleros, etc.). Dichos cargos desempeñaban las funciones específicas de un cuerpo técnico: segundos entrenadores, preparadores físicos, entrenadores de porteros, analistas técnicos, delegados. Por lo tanto, los entrenadores solíamos negociar individualmente nuestros emolumentos, que estaban aceptablemente bien pagados, pero no nos alcanzaban para llevar nuestro propio equipo técnico (exceptuando en las categorías de Primera y Segunda División, mucho mejor remuneradas). Como mucho, podíamos negociar la incorporación de algún compañero de nuestra máxima confianza, como un segundo entrenador o un preparador físico, pero poco más.

En mi caso, en un par de equipos (uno de Tercera División y uno de la entonces nueva Segunda División B) pude incorporar a un solo técnico, mientras que en otros me encargué yo mismo de la preparación física y, en la mayoría, aceptaba a los técnicos de la casa. Dicha función entrañaba una dificultad más, pues debía conocerlos, comprender sus conocimientos y convencerlos de mis principios para que ellos se adaptaran a mí.

En el siglo XXI, la evolución del fútbol ha hecho engrandecer el capítulo de personajes específicos en un cuerpo técnico de nivel profesional, sobre todo en las máximas categorías. Lo más chocante es que en dicho nivel *top* se puede llegar a contar, en la fotografía del cuerpo técnico de un equipo de fútbol, a más técnicos que los veinticinco jugadores que puedan completar oficialmente una plantilla. Es decir: primer entrenador, segundo entrenador, tercer entrenador, analistas técnicos, tácticos y de imagen, *scouting* (seguimiento de jugadores), entrenadores de porteros, preparadores físicos, médicos, recuperadores, podólogos, fisioterapeutas, masajistas, psicólogos, delegados, asistentes de prensa, utilleros, ayudantes, etc. Y todo esto sin añadir las funciones de otros profesionales como el director deportivo, el secretario técnico, el coordinador de relaciones, el responsable de rendimiento y otro largo etcétera. Ante tal despliegue de cargos y funciones, ¿es lícito que la gente, o yo mismo como entrenador, nos preguntemos si hacen falta tantos personajes para entrenar a un equipo?

Podríamos entender que en las categorías más modestas (semiprofesionales, amateurs, fútbol formativo) los clubes puedan necesitar, actualmente, un mínimo de departamentos para un trabajo más específico y perfeccionista, pero, aun y así, pueden verse equipos de formación con un mínimo de cinco a doce componentes por equipo en entidades que no pueden permitirse el lujo de tenerlos a todos y/o que puedan ser rentables para su desarrollo progresivo y eficiente.

Una vez comentada la historia, el organigrama y las relaciones de un cuerpo técnico, será necesario mencionar el papel de cada uno de los personajes que me han acompañado en mi quehacer como máximo responsable deportivo de los equipos a los que he entrenado.

SEGUNDO ENTRENADOR

«Un consejo generoso es un socorro poderoso». Esta es una frase del dramaturgo francés del siglo XVI Pierre Corneille que define a la perfección el papel de un buen segundo entrenador en el mundillo futbolístico. Esta figura puede desempeñar un rol secundario respecto al del primer entrenador en cuanto a la toma de decisiones importantes, pero es imprescindible como complemento y auxiliar en los momentos necesarios para la construcción y el desarrollo del juego del equipo.

Con ellos, los segundos entrenadores, yo establecía una relación personal sincera y honesta en nuestras charlas y reflexiones, con el fin de caminar juntos en la planificación de actividades y en la sincronización y la conexión de soluciones a conflictos cercanos, tanto en el juego como en el trato con los jugadores. Era necesario, más o menos, encontrar un método de coordinación inmediato entre ellos y yo para plasmar el equilibrio idóneo en cada momento.

Como ya he comentado anteriormente, no pude ir a muchos de los equipos a los que entrené con un segundo entrenador de mi total confianza porque no entraba entonces en los presupuestos, ni tampoco había un número suficiente de técnicos que aceptaran dicho rol. Por tanto, trabajaba con los técnicos existentes en la «casa», a los que debía ganarme, entenderme con ellos y marcarles las cargas de trabajo diarias, tanto en los entrenamientos como en los partidos. Los recursos audiovisuales y las nuevas tecnologías se implantaron progresivamente en muchos clubes (vídeos de los partidos, de los entrenamientos, etc.) para perfeccionar nuestro trabajo, y esto me permitió asociarme aún más con mis segundos con el fin de analizar conjuntamente las imágenes y confirmar lo bueno o corregir lo malo de nuestro juego. Hoy, en la media parte del partido, se analizan incluso varios movimientos seleccionados de los primeros 45 minutos para alentar o corregir a los jugadores de cara a la segunda parte.

En general, tuve una buena conexión con los segundos entrenadores, pero recuerdo una entente especial, sobre todo en la vertiente humana, con técnicos como *Puchi* (Joan Ramon Puig Solsona) en la UE Lleida, Ángel García en el Nàstic de Tarragona o Antonio Calpe en el Levante UD, entre muchos otros. También, por desgracia, tuve que recordar con alguna frecuencia una frase del primer ministro británico del siglo xix William Ewart Gladstone, que decía que «el egoísmo es la mayor maldición de la raza humana», y que describía además a un ambicioso «segundo» que sibilinamente iba socavando el camino del primer entrenador, creyéndose más capacitado y con derecho a ocupar el cargo de máximo responsable del equipo. Para aquellos que lo intentaron iría mi cariñosa y especial dedicatoria: la crueldad del fútbol aparece sin un olvido, pero se entierra sin un buen recuerdo.

PREPARADOR FÍSICO

Es el encargado de diseñar y compartir programas de entrenamiento físico para los jugadores de un equipo. Pero más allá de disponer de la titulación académica en Ciencias de la Actividad física y del Deporte, es imprescindible que el preparador físico tenga la capacidad de desarrollar una planificación de temporada acorde con lo que desea el primer entrenador y de poner en marcha una optimización del rendimiento que contribuya a la prevención de lesiones, a una recuperación eficiente y a la competitividad y longevidad del futbolista.

Los preparadores físicos son dominadores de un sinfín de ejercicios para consolidar y mejorar conceptos como flexibilidad, musculación, velocidad, fuerza, potencia, resistencia, etc., que ayudan, mediante una ejecución planificada, al equilibrio competitivo entre el jugador con más carga de entrenamientos y partidos y el que no suele ser titular tan habitualmente. Se engrandece su labor al tratar a cada jugador/persona como pedagogo y psicólogo, explicándole el porqué de lo que debe trabajar y sus beneficios emocionales.

En los primeros equipos a los que entrené no podía contar con su ayuda, pues en muchos clubes no existía dicho cargo debido a los pocos recursos de los que disponían, por lo que debía asumir yo mismo dicho rol y espabilarme para crear la planificación y los ejercicios. No era una labor nada fácil, pues la planificación de pretemporada era muy básica, sobre todo para trabajar la capacidad aeróbica de los futbolistas (realizar actividades físicas durante largos periodos de tiempo con poco esfuerzo, poca fatiga y con una recuperación rápida), pero con la introducción de unos primeros ejercicios de entrenamiento anaeróbico (actividades de alta intensidad y corta duración, en las que el cuerpo no puede suministrar oxígeno suficiente para satisfacer la demanda de energía).

Una vez iniciada la competición, se iban equilibrando los conceptos aeróbicos y anaeróbicos para dotar al equipo del nivel competitivo que exigían el momento y los resultados de los partidos. Por lo tanto, la planificación física de los entrenamientos era semanal, e incluso había alguna variación en ciertos días de la semana. Es bueno constatar que, aunque se programaban ejercicios específicos sin balón (carreras, circuitos, gimnasio, etc.), estos se alternaban con ejercicios mixtos de balón-técnica o balón-táctica.

Ya en equipos más profesionales, pude contar con la compañía de preparadores físicos con los que me enfrentaba a un trabajo complejo: el de sincronizar ideas y planificar una temporada en función de cómo entendía yo la progresión competitiva de una plantilla y de la experiencia que iba acumulando en función del rendimiento de mi equipo. Generalmente, y me daba buenos resultados, el gráfico del rendimiento global de mis equipos era progresivo hasta finales de diciembre, decaía en enero, pero emergía en curva ascendente y continuada hasta finales de abril y mayo para mantenerse en un porcentaje notable-alto hasta final de temporada. Después de las numerosas charlas buscando la entente con el preparador físico, este ideaba los correspondientes macrociclos y microciclos de preparación física (trabajo anual y semanal de ejercicios físicos específicos). Como las técnicas de seguimiento y observación del rendimiento aún no habían llegado al grado de sofisticación actual, en aquellos tiempos utilizábamos el vídeo para las grabaciones, en entrenamientos y partidos, con el fin de analizar el rendimiento físico del jugador (detección y corrección de movimientos, lesiones, etc.), en sus diferentes apartados de resistencia, velocidad, fuerza y potencia, principalmente.

Actualmente, ¡ojalá lo hubiera tenido en aquellos tiempos!, se utiliza el GPS en forma de chaleco adherido al torso para controlar la frecuencia cardiaca, la fatiga, la velocidad, la aceleración, la distancia recorrida o las zonas de campo transitadas con mayor frecuencia.

Quizás en mi debe estaban mis pequeñas intromisiones en las labores del preparador físico cuando tomaban protagonismo mis sesiones con música preparada para la mejora de la coordinación y el equilibrio, con ejercicios y circuitos de gimnasio, de potencia, de fuerza y de entrenamiento total. Pero aprendía mucho de su labor de investigación y de la puesta en marcha de las novedades que los preparadores físicos iban introduciendo, especialmente cuando el balón se ponía al servicio de los ejercicios físicos para el buen disfrute del futbolista.

Agradecía, por tanto, el buen rollo que solía mantener con todos ellos, pues tenían en su mano el control individual y colectivo del equipo diariamente, su trabajo era primordial para la gráfica del rendimiento de toda una temporada. Tal era su profesionalidad y su evolución positiva que personas que iniciaron conmigo su andadura como preparadores físicos se convirtieron en entrenadores asistentes y segundos entrenadores de técnicos de postín. Quiero recordar a Ramon Català, a quien tuve por poco tiempo en el Castellón, con su dilatado currículum en muchas selecciones nacionales, entre ellas la española, con Javier Clemente como seleccionador. O Chema Sanz, que dio sus primeros pasos siendo muy joven conmigo en el Levante UD y que, tras efectuar las labores de segundo entrenador con Rubén Baraja en el Valencia CF, es actualmente el segundo de Alessio Lisci en el Club Atlético Osasuna. No puedo dejar de mencionar a Jesús Pérez, inolvidable acompañante en la preparación física durante mi estancia en el Nàstic de Tarragona, hoy segundo de confianza de Mauricio Pochettino, ni tampoco a Marc Huguet, a quien tuve en el Terrassa FC y que posteriormente vivió numerosas *aventuras* como segundo y como preparador físico en la India, en el Bengaluru FC; en Georgia, en el Dinamo de Tblisi; en el Udinese de la Serie A de Italia; o también en la Península, en clubes como el Córdoba y el Mallorca. Me dejo a muchos que no han seguido un camino de tanto renombre, pero que han sido piedra angular para desarrollar mis conocimientos y un ejemplo de la aplicación, durante toda una temporada, de múltiples ejercicios en los entrenamientos.

DELEGADO

Es una figura incomparable y clave en el buen funcionamiento proto-colario y reglamentario de una entidad. Muchos de ellos son personas allegadas a las juntas directivas de los clubes de fútbol, en los cuales algunos ya ejercían como directivos. Pero también se cuentan no pocos exárbitros, por su experiencia en el trato con los colegiados que se nos designaban domingo sí y otro también, además de por su conocimiento exhaustivo del reglamento federativo.

Quien pueda pensar que ser delegado es una labor fácil y de poco contenido en la estructura del club, se equivoca totalmente. El delegado debe planificar concienzudamente los protocolos en los desplazamientos: quién viaja, adónde se viaja y dónde se hospeda el equipo, cómo se realiza el trayecto... y, además, debe organizar perfectamente los horarios y otros cometidos relacionados con los desplazamientos, como las paradas, los hoteles, etc. Ya en el terreno puramente deportivo, es necesario que conoz-ca al dedillo el reglamento por lo que respecta al control de las fichas, las alineaciones, los cambios permitidos, las tarjetas, las actas, la vestimenta de los jugadores y porteros..., en definitiva, un sinfín de cuestiones y proble-mas que surgen cada semana, muchos más de los que el público en general piensa, y que, con su experiencia y saber estar, solucionan lo mejor posible.

Por ejemplo, a pesar de que los entrenadores, en la preparación de los partidos, debamos tener en cuenta cuándo y cuántos cambios se pueden realizar, el delegado debe estar alerta para respetar el número mínimo de jugadores del primer equipo, así como el número máximo que deben jugar del filial y de los juveniles. Debe recordar quién ha visto tarjeta de uno y otro equipo (puede suceder que en el fragor de la batalla del partido nos podamos olvidar). Por lo tanto, tener siempre presente la figura del atento delegado que nos hace las observaciones pertinentes ha sido y es fundamental para cualquier cuerpo técnico.

Vuelvo a incidir, porque lo creo importante, en que en muchos equi-pos —cada vez en más categorías— los delegados son antiguos árbitros que conectan mucho mejor con el trencilla de los partidos a disputar, siendo una voz legitimada para conversar o esclarecer detalles concretos con los colegiados y para advertirnos de aspectos del reglamento antes, durante y después del partido.

En mis inicios, tuve la inmensa fortuna de conocer los métodos de trabajo de Carles Naval y Toni Alonso en el FC Barcelona, verdaderas enciclopedias de todo lo referente a la labor del delegado de equipo. Dichas coincidencias me fueron de maravilla para situar en el pedestal adecuado el icono del delegado del cuerpo técnico de un equipo. En menor medida de trato, pero sí de respeto, quiero mencionar a José Merino González (EPD) en la UD Las Palmas, a los delegados que tuve en el Cádiz, en el Levante…, todos ellos excolegiados de diversas categorías, o a Fernando Santos de la Parra (exárbitro de Segunda División), que ejercía de gerente en la UE Lleida cuando yo entrenaba, pero que me aconsejaba en relación con las características de cada árbitro que nos correspondía. En un desplazamiento a Granada con la UE Lleida, estaba programado el arbitraje de un trencilla del colegio murciano. Fernando Santos de la Parra me advirtió que en dicho viaje vendría él como delegado, pues nos jugábamos un paso importante para el ascenso y dicho colegiado podía ser un tanto casero, es decir, podía barrer para el equipo local. Mi delegado entró solo en el vestuario arbitral del estadio de Los Cármenes, y al cabo de un par de minutos entramos mi capitán y yo, lo justo para saludar y firmar el acta antes del partido, como Santos de la Parra me había aconsejado. El arbitraje fue más que correcto y totalmente imparcial. Ganamos 0-1 ¡y para casa! ¿Hace falta añadir algo más?

Guardo un grato recuerdo de todos los delegados que tuve en todos los equipos a los que dirigí, con los que establecí una cordial relación, en especial por la dedicación a su cargo y su profesionalidad. Eso sí, en momentos determinados, tocó disimular y justificar, aunque siempre en tono jovial, desapariciones improvisadas como la de mi delegado en la UE Lleida Benito Ibars, una gran persona y un gran compañero, que en un desplazamiento a Ceuta nos dejó en el hotel y se fue a visitar la noche ceutí, sin teléfono para contactar con él y sin saber que aparecerían el presidente y un par de directivos en el hotel cerca de la medianoche preguntando por él. Yo me fingí enfermo y les aseguré que el delegado había ido a una farmacia a buscar un medicamento especial para mi cefalea. ¡Uff! A la mañana siguiente, cuando Benito Ibars se encontró con los directivos, tuvo que excusarse por no encontrar en «Ceuta la nuit» ni una sola farmacia de guardia para atender mi gran dolor de cabeza.

A pesar de mil anécdotas y aventuras, guardo un gran respeto por todos ellos. Su figura me recuerda la frase de Álvaro de Figueroa y Torres (conde de Romanones) que adapté rápidamente al fútbol para definir su compromiso conmigo: «Algunos directivos te pueden abandonar en la hora de la desgracia, pero no los delegados, que te siguen hasta la muerte».

MÉDICOS, FISIOTERAPEUTAS Y MASAJISTAS

Este apartado «facultativo-deportivo» es amplio en lo que respecta a la variedad de sus personajes, pero es de importancia capital para el bienestar y el rendimiento del futbolista. En mis tiempos como entrenador, algunos clubes incorporaban a un galeno como directivo para que efectuara sus labores en la entidad, y especialmente en el primer equipo si este militaba en una categoría semiprofesional o profesional. Generalmente, la especialidad de dicho médico era la de traumatología, pues el tipo de lesión en el fútbol corresponde a dicho apartado en un alto porcentaje, aunque en algunos equipos se contaba con el compromiso de profesionales de medicina interna o general y, si se producía alguna lesión grave, entonces sí que se propiciaba la intervención de un especialista. Una excepción la viví en la UE Figueres, que tenía una figura de renombre en la persona del doctor Narcís Bardalet, médico forense actualmente muy mediático y con el que establecí una gran amistad.

En todos los casos, el médico de un equipo actuaba como máximo responsable de la sintomatología, la readaptación y la recuperación del futbolista lesionado y, asimismo, debía actuar *in situ* en los entrenamientos y, sobre todo, en los partidos. Como antiguo estudiante de medicina, quiromasajista y recuperador deportivo que soy, con mi titulación correspondiente, mi anexión a la labor del doctor era de admiración y comprensión en todo lo referente al bienestar del futbolista. Me encantaba que el médico de mi equipo me explicara con pelos y señales todo lo relacionado con cualquier lesión, sus consecuencias y la metodología de recuperación.

No trataba con ellos diariamente, pues la mayoría tenían su consulta particular o formaban parte de algún departamento en un hospital cercano, pero eran un hilo de conexión muy constructivo para la salud futbolística de una plantilla. Es importante este punto porque en el caso del fisioterapeuta el trato era más íntimo y constante, más ligado al quehacer diario de un equipo.

El fisioterapeuta siempre ha sido el nexo más cercano entre el cuerpo médico y el entrenador para la ejecución de las maniobras oportunas dictaminadas por el doctor o por sus propios conocimientos académicos. El fisioterapeuta cursa cuatro años de especialidad para trabajar en el correcto funcionamiento del cuerpo humano, con la aplicación de ejercicios y prácticas que mejoran la movilidad, la resistencia, la fuerza y el desarrollo funcional. Esta sería una definición al uso de los asistentes y compañeros del cuerpo técnico en la importante labor del tratamiento y la prevención de las lesiones del futbolista pero, en la intimidad, el *fisio* era un amigo con el que sincronizaba interioridades y consejos.

Diligentes en el día a día, compartía con ellos todo tipo de consultas para conocer el estado del jugador, su evolución y su puesta a punto para el regreso a los entrenamientos y, más tarde, a la competición. Su compromiso con su trabajo y con el buen trato personal con todo el equipo siempre era máximo, y se mostraban cercanos al jugador para ganarse su confianza y su credibilidad en los periodos de recuperación, con ejercicios individuales de esfuerzo y continuidad tanto físicos como mentales.

No solo en el vestuario eran y son importantes, sino también cuando salen rápidamente al terreno de juego durante un partido, con su botiquín repleto de pócimas, pomadas y cremas, vendas, *tapes*, etc., soluciones inmediatas y «milagrosas» para el futbolista caído. O, mejor aún, en la actualidad, cuando pueden manejar un desfibrilador para salvar la vida de un jugador o de un espectador que ha sufrido un problema cardíaco.

Cómo olvidar, por ejemplo, a Ernest Cañete, fisioterapeuta del Nàstic de Tarragona durante treinta y un años, con el que tuve una relación maravillosa y tan profesional que nos entendíamos con una mirada y pocas palabras. Pero no en todos los clubes pude tener la ayuda de esta figura, pues en mis inicios, y en clubes de categoría amateur, el fisioterapeuta especializado en fútbol era una figura difícil de encontrar y de contratar, por lo que se sustituía a dicho profesional por el masajista.

Puedo definir mi relación con dicho cargo de masajista como la connotación más íntima y reconocible de la palabra «vínculo», pues durante tres años estudié en Quirotema (Escuela Superior de Terapias Manuales, situada en Barcelona), obtuve el título de quiromasajista y completé dichos estudios con los de recuperación deportiva, digitopuntura, reflexología podal, drenaje linfático, etc., con el gran profesor Claudio Mazeres. Posteriormente, realicé las prácticas en el centro de recuperación del doctor Jaume Albareda, al que siempre agradeceré los consejos y ayudas que me dio.

Expuesta mi formación terapéutica, debo reseñar que, afortunadamente, fue bien aprovechada durante algunos años en varios centros y gimnasios. Trasladé mis conocimientos a las lesiones más frecuentes en los deportistas, los compartí con los muchos masajistas que conocí y tuve en mis distintos cuerpos técnicos. En algunos de mis primeros equipos, de categorías menores, tuve que compartir masajista con otros conjuntos de la entidad; pero en la mayoría, el masajista tenía dedicación exclusiva para mi primer equipo. Afortunadamente, fueron pocos los *lavapiernas* o los *rompepiernas* con los que discutí por su poca formación y funcionalidad práctica, y fueron más aquellos con los que compartía tecnicismos y una buena programación de actividades, sobre todo en el mantenimiento del tono muscular y en la flexibilidad de los futbolistas.

Era y es un trabajo duro, machacón, de planificación y estudio, pero de actuaciones rápidas e imprevisibles que requieren de muy buenas manos y de muchos y concretos conocimientos de lo que se debe hacer en momentos impredecibles. De ahí la importancia de que dispongan de todo el material necesario para ejercer sus funciones, incluida su camilla en vestuarios, tanto locales como visitantes, y de no olvidar nada de su botiquín cuando deben estar a pie de campo.

Quiero salir, además, en su defensa al compararlos con los fisioterapeutas a la hora de aplicar las manos con diferentes técnicas e intensidades en función de la preparación, relajación, recuperación, descarga, etc., de la anatomía del futbolista. Los masajistas suelen ser más especialistas en dichos menesteres y, en cambio, los *fisios* son mejores en la aplicación de manipulaciones, ejercicios y equipamiento especializado (agua, calor, sonido, electricidad, luz y mecánicos) para curar o mejorar alguna condición patológica del sistema neuro-osteo-muscular.

Utillero

He dejado para el final al personaje más carismático de todo el cuerpo técnico, siempre con sumo respeto hacia el resto. Por detrás de la frase que lo define, «encargado de los útiles y el material de un equipo deportivo», cohabita con toda la plantilla y tiene el respeto y la complicidad de un vestuario. No me he encontrado a ninguno que no sea, en mayor o menor grado, el personaje más diligente, sociable, dicharachero, orador consumado, chafardero y compañero de todo el *mundo mundial* (y de aquel vestuario, evidentemente).

En mis años mozos de infantil en el CF Barcelona disfruté como nadie de la compañía de mis dos padres utilleros: el *Papi* Anguera y Peña. El primero fue la mejor persona que he conocido en un vestuario, pues a su amabilidad añadía detalles constantes de apoyo y ayuda que aumentaban mi autoestima y mi confianza. Peña era, por el contrario, un «mala leche» que siempre obligaba al jugador a disciplinarse para que nada fallara o estuviera fuera de su sitio, pero al que se escuchaba y se respetaba «por lo que pudiera pasar». En el juvenil del Barça coincidí con otro *crack* de la eficiencia y del buen trato, Belenguer, el *Chato*. Todos ellos acabaron por convencerme de la buena entente que debería tener en el futuro con la mayoría de utilleros en todos los equipos a los que he entrenado.

La compenetración entre el entrenador y el utillero como responsables del día a día en un vestuario era y debe ser el primer mandamiento para que la organización de los materiales (balones, ropa, botas y un largo etcétera) para entrenar y jugar esté a punto a la hora debida, en perfectas condiciones, en su respectivo lugar y en cada momento a disposición de los jugadores y del cuerpo técnico. Y además, como *confesor*, el utillero debe atesorar la gran virtud de estar a buenas con toda la plantilla y también con su entrenador para un «ojo, míster» si algo se descontrola.

Siempre detallistas y eficientes, como Pepe Mármol, en el Terrassa FC, que cuando yo llegaba ya me tenía preparados todos los periódicos de la ciudad y nacionales en el vestuario. O Genís, en la UE Lleida, que mantenía muy bien su forma y figura... menos en verano, cuando recuperaba con cerveza lo que había perdido. O Serra, en la UE Figueres, que tenía el vestuario y demás dependencias limpios como una patena.

O Eduardo, en la UE Sant Andreu, que en su casa tenía una habitación repleta de armarios con ropa del club, bien como coleccionista o como «guardarropía oficial». O Jaume, del Nàstic de Tarragona, que tenía su vivienda en el mismo campo y era el perfecto guardián de las instalaciones y el terreno de juego a la hora que fuese. Recuerdo también a Manolo, en la UE Canovelles, que preparaba los termos de café con orujo para que los jugadores «no tuvieran frío»; al inolvidable Pirri, en el Levante UD, que aún hoy me llama dos veces al año para felicitarme mi aniversario y la Navidad, para mantener nuestra amistad; a Felices, en el Castellón, que contaba siempre que en África, cuando jugaba al fútbol, se le apareció un león y batió el récord africano de los cien metros lisos, y que tiraba los balones expresamente fuera del terreno donde entrenábamos para ir al huerto colindante y recoger naranjas sin que le viera el payés; y a Eduardo, en el Cádiz CF, gaditano hasta la médula, enamorado de mi *peluco* (un reloj de pulsera Breitling) y supersticioso de profesión ¡Cómo se ponía si no dejabas el salero en la mesa o si pasabas por debajo de una escalera, entre otras muchas obsesiones!

Y tengo grandes e incontables recuerdos de muchos más que aún hoy perduran en mi memoria, señal inequívoca de la profunda huella que dejaron en mi vida deportiva.

8

LA AFICIÓN, LOS ÁRBITROS, LOS MEDIOS DE COMUNICACIÓN

¿Por qué juntar en este capítulo a tres elementos futbolísticos tan distintos y antagonistas? Uno pasional, el público; el otro ocasional, el árbitro; y el tercero, el mundo periodístico como posible factor de influencia. Los tres tienen una íntima relación desde los albores de este deporte, se encuentran en cada partido: unos en la grada, los otros en el terreno de juego y los últimos en sus redacciones. Los unos viendo, los otros juzgando y los medios informando, pero todos con disparidad de criterios según el conocimiento de las leyes del fútbol, su interpretación y su manifestación en pro de unos colores y unos intereses.

Quizás se basa en la antigua creencia del fútbol, aún persistente y actualizada, de que la afición acude a los estadios a manifestar lo que en casa no puede: traslada al campo las tertulias de los bares, se comporta como eufórica seguidora de su equipo, exterioriza la animadversión hacia un determinado rival o protesta simplemente las decisiones del juez del encuentro si perjudica, con o sin razón, los intereses de su equipo.

Desde el punto de vista del entrenador, lo cierto es que la afición forma parte de tu vida futbolística como tu otro yo, porque necesitas de ella para encontrar el equilibrio anímico y mental que te permita subsistir en cualquier club. Dependemos de los aficionados, dentro de nuestra independencia como profesionales, pero hay que saber gestionar esa relación para evitar que nos consuma poco a poco y acabe por influirnos negativamente.

Del mismo modo, persiste la antigua creencia en el fútbol de que el equipo arbitral acude a los estadios para aplicar el reglamento, aunque con los variados matices que implica la interpretación de las jugadas, lo que puede condicionar su actuación y evidenciar la complejidad de sus decisiones.

No olvidemos que el fútbol es el deporte más difícil de interpretar y juzgar, pues cada movimiento del balón y cada acción de los jugadores son siempre diferentes de la anterior jugada. Cada espectador lo percibe a su manera y cada árbitro puede interpretar una acción según el reglamento y su propio criterio.

Desde la perspectiva del entrenador, los árbitros también forman parte de la vida futbolística, ya que, en cuanto rueda el balón, sus decisiones pueden estar influidas por tres factores clave:

1. La aplicación del reglamento, pero con la libertad de su interpretación.
2. Los aciertos o errores que beneficien o perjudiquen a nuestro equipo.
3. La intencionalidad en la toma de decisiones, especialmente en árbitros que no han jugado al fútbol o lo han hecho poco.

Y en cuanto a los medios de comunicación (visuales y escritos), los hay que, en mayor o menor medida, también pueden influir positiva o negativamente en los dos primeros protagonistas de este capítulo con rumores, *fake news*, excesos en los análisis o escándalos en los comentarios. Por ello, debemos establecer una línea de moderación y respeto entre todos en beneficio del deporte rey, porque el más perjudicado puede ser el propio equipo.

LA AFICIÓN: CONOCERLA PARA GUSTARLE

Uno de los primeros objetivos que me marqué fue, y siempre será, el de ofrecer a la entidad, y al equipo en el terreno de juego, la responsabilidad de que la afición llenara el estadio y se sintiera feliz tras disfrutar tanto del juego como de los resultados de su equipo.

No todas las aficiones son iguales, aunque todas deseen lo mismo, y la experiencia me enseñó a profundizar en las características propias de cada una en función de la historia de la ciudad, el carácter de sus gentes, de su estatus social, de las exigencias de la entidad, del equipo y sus categorías en cuanto al juego y los resultados, por supuesto.

Se trataba de entender y contentar a una afición que podía manifestarse en ciertos partidos o fases de una temporada, apasionada como la de la Gramenet o el Sant Andreu; animada, pero algo crítica en ciertos partidos, como la del Castellón o el Nàstic; exigente, como la del Levante o Figueres, influenciada, como la del Cádiz; agradecida, como la del Canovelles, Mollerussa o Lleida, etc.

Retengo en la memoria los momentos más felices en la respuesta de una afición y con tristeza evidente otros en que esta manifiesta su descontento. Cómo olvidar en nuestro campo de El Far, la jornada económica de un Figueres-Reus (líder destacado en Tercera División), en el que en veinte minutos de locura marcamos cuatro goles cuando una parte de la afición aún hacía cola para entrar en un campo lleno a rebosar; o la celebración del ascenso por primera vez en su historia a Segunda B en la Plaza del Ayuntamiento, con todo Figueres aclamando al equipo; o un Lleida 2 - Almería 0, que supuso nuestro ascenso a Segunda A en un abarrotado Camp d'Esports con un palco repleto de personalidades de Lleida que no habían visto ni un partido en toda la Liga; o la eliminatoria de cuartos de final de la Copa del Rey Lleida 0 - Barcelona 1 en la que el Camp d'Esports se llenó con 14.000 personas cuando su capacidad era de 10.000, gente subida a las torres de la luz y con la grada del gol norte apuntalada, y con el peligro de que se hundiera; o un Narcís Sala lleno hasta la bandera en los *play-off* a Segunda A que disputamos con los problemas que arrastrábamos de impagos y que en cuyo encierro, con tiendas de campaña en el mismo terreno de juego, la afición nos traía comida y ropa para toda la semana; o en Mollerussa, en Segunda B, con la disputa de un Mollerussa 2 - Lleida 0 con un campo municipal en el que no cabía ni un alfiler, en el que se fletó un autocar particular con aficionados y amigos de Barcelona que vinieron para disfrutar del partido del año; o en el Estadio de Castalia, de Castellón, con una población volcada totalmente en el fútbol y los toros, pero muy apasionada, y que llenaba el campo por aquello de que los domingos a las 5 de la tarde hay que ir al fútbol, a pesar de las luchas internas de algunos medios de comunicación, «a ver quién la hacía y decía más gorda»; o un Cádiz 4 - Jerez 0 (duelo de máxima rivalidad gaditano), en un Ramón de Carranza con 22.000 almas que llevaron al equipo en volandas —una población con infinitos problemas sociales y económicos—, pero que para ellos el Cádiz era el ancla de salvación de su vida los domingos, y que acabó con cargas policiales y múltiples incendios de contenedores, y sin poder celebrarlo como se merecían.

Como colofón a este primer apartado dedicado a los aficionados de cualquier equipo, recuerdo una frase de Friedrich Nietzsche (filósofo, poeta, músico y filólogo alemán del siglo xix) que adapté al fútbol y que decía: «A la afición flemática no se la puede entusiasmar más que fanatizándola» y añado, ¿cómo? Con buen juego.

LOS ÁRBITROS: CÓMO CONVIVIR CON ELLOS

En esta segunda parte del capítulo dedicado a los árbitros me gustaría empezar mostrando respeto por su profesión y dedicación, como es de cumplido reglamento que ellos muestren también el mismo respeto y consideración hacia nuestra profesión de entrenadores. A pesar de no estar de acuerdo con ellos en muchas de sus decisiones, mis protestas hacia ellos tan solo me costaron una sola tarjeta roja en mi carrera y fue en el Heliodoro Rodríguez López, de Tenerife, por entrar al terreno de juego para intentar separar a mis jugadores del árbitro que había castigado a nuestro Lleida con un penalti totalmente inventado y en el cual mi jugador de campo Miguel Rubio tuvo que situarse como portero: por cierto, paró el lanzamiento desde los 11 metros. Tarjetas amarillas, unas cuantas, aunque no muchas, sobre todo por entender la aplicación del reglamento, pero no la interpretación de la intencionalidad de la jugada por parte de colegiados a los cuales se les adivinaban pocas horas de fútbol en sus botas. Introduzco aquí el pensamiento del legendario entrenador del Liverpool Bill Shankly, pese a su generalización con respecto al colectivo: «Los árbitros saben mucho sobre las reglas, pero no saben nada sobre el juego».

A través de los años he ido acumulando preguntas que me hubiera gustado que algunos árbitros me respondieran al porqué de sus decisiones más que controvertidas en las distintas categorías y épocas en las que he convivido con ellos, tanto de jugador como de entrenador.

¿Por qué tengo clavado en mi memoria un penalti con agresión alevosa dentro del área de un defensa rival que me hicieron cuando era jugador del Cerdanyola en nuestro terreno de juego, en las postrimerías del encuentro con empate a uno contra el Ripollet? (Duelo fratricida entre dos poblaciones separadas por la carretera). Mientras yo me encaraba con el contrario que me hubiera podido lesionar gravemente, todo el campo y mis compañeros se agolparon alrededor del árbitro en el terreno de juego, clamando justicia ante uno de los penaltis más claros que el lector haya podido imaginar. Ante tal acumulación de gente, el árbitro declaró el final del encuentro y se fue rápidamente hacia sus vestuarios. La gente se agolpó delante de su vestuario increpándole e invitándole a salir, cosa que no hizo.

El presidente de nuestro club disolvió a toda la afición agolpada en pocos metros cuadrados y, una vez conseguido, llamó a la puerta y le dijo al colegiado que estuviera tranquilo, que el exterior de su vestuario estaba libre y que podía abrir la puerta para hablar con él del acta y del protocolo de salida del campo. En el momento en que abrió, el presidente y un directivo le tiraron un cubo de agua entero a la cara. Seis meses de suspensión al presidente y final de la historia.

¿Por qué el árbitro del encuentro Mirandés 1 - Mollerussa 1 de Segunda B, en mi estreno como entrenador del equipo ilerdense —un partido aplazado, correspondiente a la octava jornada de Liga—, no concedió gol cuando el balón chutado por uno de mis jugadores desde el borde del área estaba en el aire y antes de que entrara en la portería pitó el final del encuentro? Mi jugador chutó y, antes de que el balón entrase, el colegiado (Hernando Serrano, turolense) pitó el final del partido. Que yo sepa, los árbitros suelen advertir en la prolongación de los encuentros que es la última jugada y, por tanto, la dejan acabar. Ante las numerosas protestas de mis jugadores y de mí mismo por la decisión arbitral de no concedernos la victoria, manifestó que silbó porque su cronómetro había llegado al «cero» de tiempo. Y se quedó tan ancho.

¿Por qué el trencilla Japón Sevilla, en el partido Lugo - Sant Andreu del *play-off* a Segunda A en su última jornada, amonestó con tarjeta amarilla a mi jugador referencia y capitán, Ramon Maria Calderé, en el minuto 7 de juego, en la disputa de un balón en terreno del Lugo sin consecuencia alguna en la intensidad? ¿Por qué, posteriormente, en el minuto 21 con mi jugador empujado alevosamente cuando iba a marcar gol a portería vacía en el interior del área pequeña lucense, le saca la segunda tarjeta amarilla por simular que se tira? ¿Y por qué no pitó, en la segunda parte, un penalti por zancadilla a mi delantero centro, Azcona, dentro del área del Lugo cuando iba a rematar a gol? ¿Qué reglamento era este? «Propio de todo hombre es errar, pero de nadie, sino del necio, mantenerse en el error», frase de Juan Luis Vives (humanista, filósofo, psicólogo y pedagogo español del siglo xvi), que sirve para definir a tal indeseable personaje que impidió el ascenso del Sant Andreu a Segunda División A.

¿Por qué se intentaba intimidar, oral y físicamente, en muchos terrenos de juego de diversas categorías (sobre todo de Tercera División y Segunda División B) a los árbitros por parte de los aficionados locales agolpados muy cerca de ellos en los túneles de acceso al terreno de juego antes, durante y al final de los partidos?

¿Por qué los árbitros de la zona de Levante, de Murcia, de Castilla - La Mancha e incluso Andalucía, cuando con mis equipos de la zona de Cataluña nos desplazábamos a dichas comunidades a disputar partidos de Segunda División B, eran sensibles ante la afición y permisivos con los equipos locales hasta el punto de querer ser sacados a hombros como los toreros por la puerta de toriles?

¿Por qué has de disputar un partido de Liga de Segunda División B en un terreno de juego de un colegio de Erandio (dicho equipo tenía su terreno de juego en reparación) que no tiene las medidas reglamentarias (84 × 43 metros) y en las que el árbitro aduce que se puede jugar, a menos que se repita el encuentro y el viaje correspondiente en otra fecha?

«No tiene sentido decir que los árbitros son iguales ante el reglamento cuando su interpretación es la mantenedora de su desigualdad» una frase adaptada al fútbol de otra de Ramiro de Maeztu (diplomático y escritor vasco de finales del siglo xix), que podríamos aplicar a algunos de ellos. No obstante, hay que destacar que la mayoría de los colegiados eran y son defensores de la honestidad y profesionalidad a la hora de impartir justicia equitativa y con ellos siempre he tenido una comprensión y un entendimiento singulares, porque los entrenadores también hemos de cumplir y acatar el reglamento, vaya a favor o en contra de nuestros intereses.

LOS MEDIOS: MI RELACIÓN PERSONAL

Para este apartado final sobre mi vínculo profesional con los medios de comunicación futbolísticos, y en la mayoría de los lugares y equipos a los que he entrenado, debería sincerarme y decir que no siempre ha sido fluida ni, en ocasiones, bien entendida. Sin embargo, siempre ha existido respeto en la búsqueda de un posible beneficio común para ambas partes.

Cuando te encuentras en una ciudad donde existen tantos y variados medios de comunicación (periódicos, revistas especializadas, emisoras de TV y radio, etc.) que pugnan por ser los más leídos, los más escuchados, los más vendidos, es probable que cada uno de ellos intente ser el primero en todo, publicando información sin corroborar si los comentarios o noticias son veraces, simples rumores o meras invenciones.

¿Cómo lidiar con ellos en las ruedas de prensa o en entrevistas personales con redactores y locutores, de modo que lo que transmitas no se reduzca siempre a críticas por una derrota o por el mal juego del equipo en determinados partidos? Reconozco que soy de sangre caliente cuando se me provoca, y debería aplicarme más reiteradamente una frase de Laurence Sterne (escritor inglés del siglo XVIII) que adapté al fútbol y que dice:

«Un hombre (entrenador) de buen sentido no dice nunca, al hablar (en una rueda de prensa), todo lo que piensa».

A través de múltiples discusiones y explicaciones con buenos periodistas y locutores, pero también con malos redactores y becarios, intentaba reconocer y detallar honestamente en mis declaraciones lo mejor y lo peor sobre el rendimiento global, técnico y táctico del equipo en cada partido. Sin embargo, mis palabras no siempre eran bien interpretadas y, en ocasiones, se aprovechaban con fines sensacionalistas o se tergiversaban para crear titulares con segundas intenciones. Por ello, tuve que replantearme la estrategia y realizar un análisis previo del tipo de rueda de prensa, ya fuera prepartido o postpartido, para decidir cómo y qué debía contestar o argumentar.

Llegué fácilmente a la conclusión de que, si reconocía mi responsabilidad en la gestión del equipo tras un mal resultado o un rendimiento insuficiente, debía contar con la confianza de la Junta Directiva y el respaldo de un contrato a medio o largo plazo.

¿Qué estoy haciendo mal? ¿Qué están haciendo mal los jugadores? ¿Qué soluciones puedo aportar? Preguntas clave que influyen en la reacción mental y oratoria del entrenador a la hora de enviar un mensaje a través de los medios. La intención siempre es reforzar lo bueno que se está haciendo y minimizar los fracasos ocasionales. Convencer con declaraciones que generen apoyo y credibilidad, evitando ser «machacado» por la crítica.

En otras ruedas de prensa, especialmente cuando el equipo tenía la exigencia de ascender, la presión mediática se trasladaba a cualquier medio que buscaba una primicia exclusiva. Si no la obtenían, podías convertirte en un personaje cuestionado y criticado por razones poco elocuentes. No fueron muchos los casos, pero los hubo, y reconozco que me sentía incómodo, a pesar de intentar llegar a una entente con ellos. Tan cierto como que uno debe aprender a convivir lo más amigablemente posible con los medios, pues son fundamentales para la cultura y la evolución informativa de un club y de una ciudad.

«Hay quien entiende más de fútbol por intuición que por discurso». Una frase que solía aplicar para unir a todo el entorno futbolístico que me rodeaba, convencido de que el verdadero conocimiento del juego se construye más en los entrenamientos y en los partidos que con las palabras.

9

LOS INCENTIVOS DEL FÚTBOL

EL PALO Y LA ZANAHORIA

Siempre he intentado, como entrenador, acercarme humanamente a todo el equipo en momentos determinados de la temporada. Mi idea y mi lema era romper la disciplina de los entrenamientos y partidos con actos, hechos o palabras que abrieran la barrera entre jugadores y técnico. Eran los incentivos del fútbol, aquellos complementos que me unían a todos los que formaban parte de mi entorno. Ese algo más con lo que armonizar la relación entre mi persona y el resto. Son pequeños ejemplos, entre un montón de aventuras y anécdotas, que llenaban un poco más el pozo de recuerdos agradables.

Para ello y con mucho orgullo, en todos los clubes en los que entrené, instituí la celebración del Día del Entrenador, que siempre coincidía con el de mi onomástica (23 de abril, San Jordi en Cataluña). Ese día, organizaba un partido de disfraces entre dos equipos de mi plantilla con variación de demarcaciones entre ellos; los habitualmente delanteros podían jugar de porteros, o un central se ubicaba en la mediapunta. Una semana antes, se anunciaban los equipos (los Comarcales contra los Foráneos en Lleida; en Castellón fueron los Cascorros AJP contra los Yupis AVI; en Tarragona, las Panteras Tarraco contra los Pineda Taurons; en Cádiz, los Corsarios Gaditanos contra los Pishas Internationals; en el Levante, La Ruta del Bacalao contra Los Asesinos de Barona, etc.) y se publicaban las alineaciones mediante los motes futbolísticos de cada jugador (*Chino, Mindungui, Hernias, Termi…night, Buffalo Bill, Lentillas, Amadeus, Forrest Gump, Demolition Man, Copito de Nieve, Julio Banda Coja*, etc.)

Los participantes tenían la libertad y obligación de transformarse en lo que quisieran: es decir, debían disfrazarse, pero podían hacerlo a su libre albedrío. Era de lo más divertido y curioso ver a un jugador vestido de monja esprintar por una banda con el balón y el hábito remangado, a un pirata tuerto chutar con una muleta y un loro en su hombro o a un dinosaurio despejar el balón con la boca, entre otras originalidades. Nos dedicaron, incluso, varios reportajes de televisión, por lo que estos partidos han quedado inmortalizados. Los que celebramos en Tarragona están, por ejemplo, en el archivo de TV3.

Repartíamos premios a diestro y siniestro para los ganadores (diez décimos de lotería, botellas de cava, rosas y libros), al equipo ganador, al disfraz más original o al jugador revelación en su otra demarcación. La fiesta acababa, evidentemente, con una barbacoa por todo lo alto de productos cárnicos de mi tierra, traídos por mi familia expresamente desde Cataluña: butifarras blancas y negras, *cansalada* (lonchas de tocino), costillas de cordero, conejo… Y así conseguíamos un ambiente distendido, de unión amistosa y de acercamiento, no solo a la plantilla sino a los estamentos del club y colaboradores del cuerpo técnico.

La frase «es más difícil conocer a veinticinco personas de un equipo que las veinticinco personas te conozcan solo a ti» cobra un especial interés para el entrenador-persona cuando se llevan a cabo este tipo de acciones.

¿POR QUÉ ENTRENAR CON MÚSICA?

Podría apoyarme en el hecho de haber estudiado música durante seis años en el Conservatorio Municipal de Música de Barcelona. Podría argumentar que la música ha estado siempre presente en mí y que, por tanto, no podía dejar escapar la ocasión de usarla como acompañamiento en el trabajo diario como entrenador de fútbol. Pero estos no fueron los principales motivos que me llevaron a incorporar la música a los entrenamientos y, posteriormente, a las entidades y clubes en forma de himnos,

Dibujo de Paco Ermengol para el diario *Segre*, 1985.

de sintonías o de *jingles* (anuncios musicales) para todo tipo de medios de comunicación o particulares. Fue producto de la casualidad: en mi etapa de entrenador del conjunto ampurdanés, un jugador de la UE Figueres me pidió, en pleno entrenamiento, ir al servicio. Cuando regresaba al terreno de juego, vio la cabina de retransmisiones abierta y no pudo reprimir el deseo de reproducir un LP (¿o quizás era una casete?) del grupo Boney M. y difundirlo por la megafonía del campo de fútbol de El Far, hoy, por desgracia desaparecido.

En ese mismo momento, el equipo estaba realizando un circuito físico por repeticiones que venía al dedillo para acompasar el ritmo de la canción que sonaba con la realización de los ejercicios en concreto. En lugar de molestarme, mi instinto musical me condujo a mandar continuar las series ajustando el ritmo de la música a la velocidad y coordinación de los ejercicios, ante el alborozo y sorpresa causados por el descubrimiento y la facilidad con la que los jugadores se adaptaban al ritmo del tema «Rivers of Babylon».

Ante tal éxito y complacencia por parte de los jugadores y cuerpo técnico, me propuse planificar, sobre todo en los apartados físico y técnico, la confección de casetes (era la época) con multitud de canciones de distintos grupos y cantantes que practicaran un género musical y un ritmo muy similares. Así pues, utilizaba música pop y disco para las sesiones de gimnasio, rock & roll para fuerza y potencia, blues para técnica e incluso swing o soul para la carrera.

Como resultado, los jugadores soportaban la exigencia y dureza que conllevaba sincronizar la velocidad de los ejercicios con el ritmo de la música, porque desde un punto de vista psicológico se divertían y encontraban originalidad en los entrenamientos.

Recuerdo haber participado en varios programas de radio y televisión para explicar «¿por qué entrenar con música?», pero, en concreto uno en TVE, dedicado a la música en el deporte, en el que coincidimos entrenadoras y entrenadores de diversos deportes que utilizaban también la música con la satisfacción de comprobar la mejora de coordinación y equilibrio en los deportistas. Fue sorprendente constatar la similitud de ideas y aplicaciones entre todos los que participamos sin conocernos ni haber emulado o aplicado los métodos de cada uno.

LAS NOVATADAS EN EL FÚTBOL

Para explicar el contexto del título, y también la manida frase «si logramos ganar, lo demás se puede olvidar», me ceñiré a un solo recuerdo de entre el montón de los acaecidos fuera de los terrenos de juego, concretamente en los viajes realizados a cualquier rincón de España.

¿De cuántos desplazamientos en autobús, tren, barco o avión podemos hablar en nuestra vida deportiva como jugadores y/o entrenadores? Incontables... y agotadores.

¿Cuántas anécdotas podemos contar de dichos viajes, y de cuáles podemos aprovechar las enseñanzas que nos aporta el contexto de convivencia, compañerismo y experiencia? Infinidad, pero generalmente nos acordamos de las más divertidas y originales.

Una de tantas, que podríamos incluir en un epígrafe de «novatadas en el fútbol», fue en un desplazamiento con el Figueres, entonces en Segunda B. ¿Cómo no?, fue en autobús, esta vez a Teruel. Y estamos hablando, claro está, de un autocar de principios de los años ochenta.

En un momento del viaje, suena por los altavoces del vehículo la canción de Miguel Ríos «El blues del autobús», pero cantada al unísono por la mayoría con la letra cambiada: *Vivo en la carretera, dentro de un autobús. / Vivo en la carretera, aparcado en un* bluf. */ Vivo en la carretera, siempre miro hacia el sur. / Vivo en la carretera, ¡el* bluf *del autobús!*

En esta ocasión viajan, convocados con el primer equipo, dos juveniles ilusionados por su presencia con la primera plantilla. Pernoctamos la noche anterior al partido en un hotel cerca de Teruel. Cena y un rato de televisión en el salón, todos juntos.

¿Todo tranquilo? No. Mientras tanto, y sin saberlo el cuerpo

Dibujo de Paco Ermengol para el diario *Segre*, 1987.

técnico ni yo mismo, el equipo había preparado una original novatada para los dos jugadores juveniles. Uno de los jugadores del primer equipo efectuó una llamada a la centralita del hotel y se hizo pasar por locutor de una emisora de radio para realizar una entrevista a uno de los juveniles, al que se requirió en la recepción para atender a la comunicación, con motivo de su primera convocatoria. Esta entrevista se grabó en una casete. Después de las típicas preguntas deportivas, se pasó sibilinamente a ahondar en aspectos de su vida privada (básicamente, en la relación con su novia o con otras chicas) y se finalizó con un deseo de muchos éxitos. Durante la falsa entrevista, otros dos jugadores del primer equipo se encargan de entrar en la habitación de los dos juveniles y vaciarla de camas, sillas y demás enseres, que fueron ocultados en otra habitación.

La sorpresa de los jóvenes fue aplaudida por toda la plantilla desde las puertas de sus respectivas habitaciones y vitoreada por todo el equipo desde el mismo pasillo. Para redondear la novatada, al día siguiente, en el paseo matinal, se difundió la entrevista grabada la noche anterior ante la algarabía y aplausos de todos.

Para compensar el *agravio* a los dos jóvenes jugadores, estos debutaron unos minutos en el partido del domingo por la tarde que terminó con victoria, lo que el equipo celebró colectivamente con los chicos, como si fueran ya de la primera plantilla de pleno derecho.

MIS OTROS ENTRENAMIENTOS

Quien crea que un entrenador ha finalizado su labor al pitar el final del entrenamiento diario, se equivoca.

«El inconformismo futbolístico no es recordar lo que consigues, sino lo que superas». Acuñé dicha frase hace ya muchos años para imponerme un apéndice de trabajo, imprescindible para la mejora específica del jugador y, en consecuencia, la del conjunto.

El análisis previo de cada jugador, para identificar sus déficits y buscar el perfeccionamiento de sus aptitudes, era y es fundamental para el crecimiento y el rendimiento del futbolista. Por ello, y después de cada entrenamiento, preparaba mis otras sesiones, con ejercicios específicos para conseguir que ese jugador mejorara su condición física, técnica, táctica o mental.

Les explicaba y convencía de siete razones de «ser» en el entendimiento futbolístico, con las que lograrían aumentar su nivel de competitividad y acierto:

- Ser rápidos para irse del contrario.
- Ser fuertes en los duelos.
- Ser altos para el juego aéreo.
- Ser todos ambidiestros.
- Ser perfectos en el pase.
- Ser inteligentes para crear.
- Ser suplentes para llegar a ser titulares.

Eran espacios de tiempo y repeticiones de corta duración (de unos 10 a 15 minutos), pero prolongados, un día o dos a la semana, y a lo largo de la temporada.

Eran ejercicios repetitivos de vivencias de partido, combinados con otros novedosos, con la finalidad de mejorar aspectos con y sin balón.

Eran trabajos individualizados en sus zonas naturales de posición, con y sin oposición, para conseguir la máxima seguridad posible en sus acciones.

Se trataba, en definitiva, de potenciar sus virtudes para minimizar sus defectos.

Al enumerar ejemplos de fácil comprensión para el lector, quiero citar a un jugador ya hecho y profesional como Miguel Rubio, lateral derecho y capitán de la UE Lleida. Rubio realizaba continuos y, diría, inmejorables desdoblamientos por banda, pero al llegar a los tres cuartos de campo rival o a la línea de fondo, sus centros, en ocasiones y por decirlo irónicamente, rompían alguna de las banderas situadas en las gradas de los goles norte y sur de los estadios. Después de más de cuatro meses de trabajo específico en centros desde diversas posiciones, distancias y trayectorias, llegó a alcanzar un porcentaje excelente de pases que acababan en ocasiones francas para el remate y posterior gol. Su constancia le hizo ser capitán indiscutible en el Lleida por un largo período y también en Primera División.

Otro caso notable de mejora se dio con un jugador a quien me encontré en su etapa de formación, concretamente juvenil: Sergio Ballesteros, quien fue capitán del Levante UD, un central diestro de complexión atlética, de metro noventa de altura, al que recluté e hice jugar en el primer equipo después de ver sus condiciones en muchos partidos del juvenil de División de Honor del club «granota». Su problema principal radicaba en que era diestro…, pero que muy diestro. Durante varios meses trabajó incansablemente al final de los entrenamientos grupales, tanto en su posición de marcador derecho como, especialmente, como marcador izquierdo, sus movimientos de coberturas y desplazamientos cortos, medios y largos para perfilarse mejor al atacar el balón. Su potencia de velocidad mejoró notablemente, como asimismo el control, la conducción y el pase con su pierna izquierda, que aún no había descubierto.

Fuese con jugadores calificados como promesas o ya curtidos en el primer equipo, utilizaba las paredes de un frontón para corregir posiciones de perfil, controles y sobre todo acomodamientos del cuerpo para perfeccionar los toques de balón con todas las superficies de contacto permitidas. El balón iba y venía por diferentes trayectorias, distancias y botes, y debía devolverse con todas las superficies de contacto para poder interpretar correctamente la realidad en el terreno de juego. Era un trabajo duro, constante, pero agradecido por la mejora evidente en su técnica individual y en la habilidad con el esférico que alcanzaba el jugador.

Ahora bien, no todos mis «otros entrenamientos» consistían en ejercicios individuales específicos. El *tenis-foot*, al finalizar los entrenamientos, era una competición siempre bien recibida por la plantilla y practicada durante toda la temporada en todos los equipos a los que entrené. Delimitaba varias minipistas de tenis (6 metros de largo por 3,5 de ancho cada terreno, con una red de 1,6 m de altura) y se jugaba por parejas, con saque de volea con la «pierna mala», un solo bote y un solo toque permitido a cada jugador. Se intercambiaban las posiciones en la pista al recuperar el saque, y los partidillos se ganaban al llegar a los 15 tantos. Todas las superficies estaban permitidas, menos brazos y manos, claro. Una locura ideal para la mejora de la técnica, especialmente para los porteros. ¡Ah!, y muchos años antes de que se pusiera de moda este juego en pistas similares a las de pádel y bajo el nombre de *pádbol*.

Como olvidar mis ejercicios con música (con cintas grabadas ex profeso con ritmos sincronizados) después de los entrenamientos, en el gimnasio o en el propio terreno de juego. Este era un trabajo pensado para una mejora colectiva de la coordinación y el equilibrio, tanto en las sesiones de gimnasio con música pop, como en los ejercicios de potencia en el campo con música de rock & roll o de blues y soul para el entrenamiento total, etc. La música era un bálsamo dentro de la intensidad del propio ejercicio, un *allegro ma non troppo* dentro de la seriedad en la ejecución.

Y qué podría decir de las pachangas de premio al final del último entrenamiento semanal, con partidos en espacios más reducidos con demarcaciones cambiadas para cada jugador, con tres porterías en distintas direcciones de ataque y defensa, con los zurdos jugando solo con la diestra y los diestros jugando solo con la zurda, con diez toques para cada equipo para marcar gol, o con apenas cuatro toques para tirar a puerta en campos pequeños, y un sinfín de variaciones que servían para entender y acostumbrar a jugar de distintas formas en momentos determinados. Contentaban a un conjunto que se merecía tal premio por el esfuerzo de toda la semana, pero con el trasfondo de trabajar la cohesión grupal y la diversión.

No quisiera cerrar este capítulo referido a los incentivos en el fútbol con el último de mis «otros entrenamientos», pero no el menos importante, que consistía en el seguimiento de otros jugadores del club al que entrenaba, es decir, su cantera. Desde mis principios como técnico me propuse conocer no solo a la entidad para la que trabajaba en lo referente a la organización y al funcionamiento de sus estructuras deportivas, sino también a los otros equipos que formaban parte del club.

Era mi deber seguir a jugadores de los equipos amateur y juvenil, principalmente, para ver su evolución y descubrir futuros candidatos para jugar en el primer equipo en un momento determinado. Lo que hoy en día es normal, ver a juveniles jugando en las máximas categorías, en aquellos tiempos era una *rara avis*: no se solía convertir en titular a un joven sin experiencia en cualquier categoría en la que jugáramos. Aun así, al menos asistía a sus partidos y entrenamientos y me aplicaba para descubrir nuevos valores con el fin de incorporarlos paulatinamente, formarlos para su futuro en el primer equipo y rentabilizar la inversión en fichajes de otra índole para la plantilla.

Puedo mencionar casos como el del inolvidable Tito Vilanova, al que iba a ver en sus entrenamientos y partidos con el infantil de la UE Figueres. Por aquel entonces, su aspecto era estilizado, delgado, pero exhibía una técnica increíble para su edad, además de madurez en la toma de decisiones y un sólido liderazgo desde su posición de interior, ya fuera por la derecha o por la izquierda. Incorporé a Tito a nuestros entrenamientos para que se habituara a otro tipo de ritmo de competición y ganara tiempo en su evolución como futbolista. En su vida deportiva consiguió el logro de ser profesional, aunque no debutara en mi equipo a sus catorce años.

También puedo retomar el caso explicado anteriormente de Sergio Ballesteros, en el Levante UD, cuando destacaba poderosamente en el equipo juvenil. Aposté por él para que mejorara en los entrenamientos de nuestro primer equipo y, sobre todo, en los entrenos individualizados de perfil, colocación y técnica con su pierna izquierda. Era lógico, pues, que le hiciera debutar y consolidarse con el primer equipo por su gran constitución física, aún siendo jugador del juvenil, con 18 años.

Sin tanto renombre, pero con la misma importancia, entre las muchas categorías y equipos en los que entrené, quiero recordar a Santi Triguero, un longevo profesional que se retiró a los 44 años. Lo incorporé desde el amateur al primer equipo del Nàstic de Tarragona, en mi estancia de dos temporadas en el Nou Estadi como técnico, por su constancia y por la forma en que adaptaba y equilibraba sus facultades para interpretar el fútbol que se exigía entonces en Segunda B. A pesar de que Santi no ascendió a las categorías profesionales, fue un modelo de rectitud, de aprovechamiento racional en las distintas demarcaciones en las que podía actuar y de eficiencia colectiva para la plantilla.

Son tres ejemplos de distintas categorías (infantil, juvenil y amateur) que me enorgullece poder recordar. De alguna forma, cumplen el mandamiento al que me obligué desde mis inicios, cualquiera que fuese el equipo y la categoría donde entrenara: no hay mayor ni mejor satisfacción que ayudar a crecer y a triunfar a un futbolista.

EL PORQUÉ DE LAS POSICIONES TÁCTICAS

Los juegos con pelota han evolucionado, de forma incluso impredecible en sus diferentes momentos, desde el *cuju* de la dinastía Han en China (250 a. C.), pasando por los juegos de los mayas y los aztecas en la América precolombina, y los que franceses e italianos practicaban en Europa en la Edad Media, hasta terminar en el fútbol codificado moderno que se estableció en Inglaterra a mediados del siglo XIX. Existe, pues, un antes, un ahora y un futuro lleno de conocimientos, de hábitos y de costumbres que han consolidado al balompié como el deporte más importante del mundo.

Por este motivo, he querido explicar en este capítulo el porqué y el cómo de quienes practicaban este deporte y se disponían estratégicamente en el terreno de juego para alcanzar su objetivo máximo: introducir una pelota en un espacio concreto.

Para ello, es necesario remontarse a principios del siglo XX, cuando surgieron las primeras disposiciones tácticas de los jugadores. Se empezaban a definir distintos roles en cada línea, como portero, defensa, mediocampista y delantero, según la posición que ocupaban en el terreno de juego. Asimismo, se desarrollaron formaciones como 1-3-2-5 (la WM), que permitieron establecer la lateralidad de los futbolistas (diestro, zurdo, ambidiestro) y nombrar específicamente sus posiciones en cada línea: lateral, marcador, mediocentro, interior, extremo o delantero.

El principal objetivo táctico siempre ha sido variar el planteamiento para ser superior al rival o combatir su posible dominio, lo que ha llevado a una constante evolución en los planteamientos estratégicos. Se pasó de tres defensores a cuatro y a cinco, de dos centrocampistas a tres y a cuatro, y, en cambio, de cinco a cuatro y a menos delanteros, en función de los recursos disponibles y las intenciones del entrenador… hasta llegar a algunas alineaciones sin delanteros puros.

Así surgieron formaciones como el 1-4-2-4, el 1-4-4-2, el 1-4-1-4-1, el 1-4-2-3-1, el 1-4-3-3, el 1-4-5-1, el 1-3-5-2, el 1-5-3-2 y muchas otras variaciones que aún quedan por descubrir. También se plantearon nuevas razones y explicaciones tácticas para justificar dichas modificaciones, como la ocupación racional de los espacios defensivos y ofensivos para mantener el equilibrio, los repliegues y despliegues equidistantes, las superioridades en distintas zonas del campo y la eficacia del jugador en la contención tras la pérdida del balón, entre otras muchas. Todo ello con el fin de justificar que lo que hacemos es lo mejor para nuestro equipo.

Sin embargo, a menudo olvidamos que el fútbol requiere sencillez para alcanzar la coordinación, el control y la aceptación de lo que tenemos o queremos conseguir. Por eso, y una vez explicadas estas cuestiones tácticas, será fundamental:

1. Asociar y explicar el rol de cada jugador según su posición y las variantes tácticas, para comprender los beneficios tanto defensivos como ofensivos que aporta al equipo.

2. La importancia del cambio de lateralidad en momentos específicos del partido. Por norma general, los jugadores utilizan su pierna más hábil para mejorar el control y la precisión en cada posición: logran así un equilibrio armónico y garantizan mayor seguridad en sus acciones. Sin embargo, en ciertas situaciones del juego, cambiar la lateralidad puede ser una herramienta estratégica para sorprender al rival o evitar ser fácilmente superados por la «pierna mala».

3. Entrenamientos específicos para la mejora del perfil técnico y la coordinación. Es fundamental destinar sesiones específicas a perfeccionar el perfil de cada jugador, optimizando su técnica y coordinación. El objetivo es alcanzar la mayor paridad posible en fuerza y seguridad entre su pierna de apoyo y su pierna dominante, lo que lo convierte en un futbolista ambidiestro.

Portería

Antiguamente, los porteros no solían salir en exceso del área pequeña, se limitaban a realizar paradas bajo palos. Hoy, los porteros adelantan su posición hasta los límites del área de penalti o fuera de ella, para convertirse en el último defensor y jugar como líberos si el rival gana la espalda a sus compañeros de la zaga. Se obtiene así un beneficio defensivo (el portero también puede realizar despejes, intercepciones, rechaces, pases, etc.)

Por otro lado, en el pasado los porteros apenas participaban técnicamente del juego colectivo del equipo. Hoy, sin embargo, se sitúan como un jugador más de campo para convertirse en iniciadores del juego colectivo del equipo: un evidente beneficio ofensivo (mediante controles orientados, pases, envíos con las manos, etc.).

Defensa

La mayoría de los entrenadores prefieren que los *laterales*, y actualmente también los *carrileros*, ocupen su posición natural (lateral o carrilero derecho para diestros, lateral o carrilero izquierdo para zurdos).

De esta forma, se evita que los uno contra uno por su banda tengan éxito si los extremos juegan «a pierna natural». Por el contrario, los laterales podrán tener más problemas en los uno contra uno sobre su pierna menos hábil cuando el contrario juega «a pierna cambiada» y los encara en diagonal hacia el interior del área. Tal como se ha mencionado anteriormente, será necesario minimizar los efectos con ejercicios específicos para no ser superado y así obtener un beneficio defensivo para nuestro equipo.

Al mismo tiempo, se deben aprovechar las condiciones de la pierna hábil de los laterales para el inicio y desdoblamiento por banda o por pasillo interior, para incorporarse al ataque (mediante controles, conducciones, pases, centros, tiros). Así obtenemos un beneficio ofensivo.

Asimismo, estas situaciones también se repiten con los *marcadores*, que suelen ocupar racionalmente su posición natural (marcador derecho, central o líbero para diestros, marcador izquierdo, central o líbero para zurdos). Así se intenta evitar que sean superados en los uno contra uno por su pierna hábil. No obstante, circunstancialmente se pueden utilizar dos marcadores diestros o dos marcadores zurdos si estos han practicado lo suficiente para ser ambidiestros y minimizar los errores (coberturas, cruces, *tackling*, despejes, entradas, rechaces, etc.). En todo ello radica el beneficio defensivo.

En consecuencia, también se deben aprovechar, para las posiciones de marcador, las condiciones del perfil ambidiestro y/o de pierna hábil de cada jugador para el inicio del juego colectivo, las salidas de zona y las incorporaciones en campo contrario (controles, conducciones, pases, cambios de orientación, juego aéreo, etc.). A través de ello, se obtiene el beneficio ofensivo.

Medio campo

Antiguamente, los entrenadores preferían las posiciones de movimientos naturales de *mediocentros*, interiores o *mediapuntas*: por zonas centrales y derechas para los diestros, y por zonas centrales o izquierdas para los zurdos. De esta forma, evitaban ser superados en los uno contra uno cortos, medios o largos por su pierna más hábil (entradas, *tackling*, intercepciones, rechaces, etc.), y les permitía corregir su trabajo en zona de recuperación, en los entrenamientos de dichas acciones con su pierna menos hábil.

Hoy podemos ver situaciones parejas cuando los mediocentros, interiores o mediapuntas se perfilan en las mismas posiciones de recuperación zonal taponando su lado más débil para no ser superados, gracias a su adaptación individual a dichas demarcaciones por su exterior. Radica aquí un beneficio defensivo.

Por otro lado, se aprovechaban mucho todos los movimientos naturales de mediocentros, interiores o mediapuntas en desdoblamientos e incorporaciones por las bandas, los pasillos interiores y zonas más centrales de valor ofensivo y decisión atacante desde la segunda línea (control, conducción, regate, pase, centro y disparo).

Hoy, muchos entrenadores utilizan los perfiles de lateralidad cambiada para los mediocentros, interiores y mediapuntas para penetrar más en diagonal o verticalmente por las zonas más centrales, con el fin de explotar mejor sus condiciones de cambios de orientación, pases y conducciones finalizadoras por dentro, tanto para diestros como para zurdos. Este es un claro beneficio ofensivo.

Delantera

En el pasado, los entrenadores preferían que los *extremos* fueran diestros en la banda derecha y zurdos por la banda izquierda para evitar los uno contra uno y los desdoblamientos de los laterales rivales, así como para colaborar en ayudas de recuperación zonal a laterales y medios de su equipo hasta su propia defensa (presión, entradas, interceptaciones, rechaces, despejes, etc.).

Actualmente, los entrenadores utilizan dicha posición de extremos a pierna cambiada y/o ambidiestros, con la capacidad del mismo trabajo de repliegue y cierre de espacios en las tres zonas: he aquí un beneficio defensivo.

Los extremos a pierna natural servían y sirven para explotar la amplitud del terreno de juego, los encares uno contra uno por desborde, los posteriores centros en carrera y presencias rematadoras en el segundo palo. Es un rol que viene favoreciendo la efectividad en el juego individual y colectivo.

Hoy, y cada día más, vemos en las mismas funciones aplicarse a los extremos a pierna cambiada para encarar quizás menos en los uno contra uno por banda, pero sí lo hacen, y con mayor frecuencia, en los uno contra uno hacia posiciones interiores para dotar al equipo, individual y colectivamente, de más capacidad de remate y asistencias (control orientado, conducción, regate, pases y remates a pierna natural). Y no hay que olvidar el importante trabajo del extremo, sin y con balón, para arrastrar a su marcador hacia zonas más céntricas y crear, así, un espacio libre donde se produzcan las incorporaciones de sus compañeros laterales y carrileros por banda abierta. Todo ello supone un claro beneficio ofensivo.

Finalmente, los *segundos puntas*, *puntas* y *delanteros centro* se acogían a su lateralidad natural, a su pierna buena, para moverse por el centro y la derecha en el caso de los diestros, y por el centro y la izquierda en el de los zurdos. El fin era iniciar la presión sobre los defensas rivales, realizar bloqueos o repliegues de ayuda hasta su propio campo si era necesario. Siempre han demostrado el porqué de su sacrificio en la lucha contra sus marcadores (presión, entradas, intercepciones, rechaces, desvíos, etc.).

Por el mismo motivo, muchos entrenadores, en la actualidad, ordenan a los jugadores que ocupan dichas posiciones moverse por el lado contrario a su pierna natural sin que el equipo se resienta: beneficio defensivo.

Los segundos puntas, puntas y delanteros centro siempre han tenido la tendencia de descargar y desmarcarse hacia su pierna natural (diestros hacia la derecha, zurdos hacia la izquierda) para sentirse más seguros en sus acciones técnicas (control orientado, conducción, regate, remates a puerta). Su juego sin balón era, y es, fundamental para crear espacios por donde puedan llegar desde atrás los compañeros de otras líneas y así aprovechar los huecos de penetración hasta la portería contraria.

En el fútbol actual, ya estamos habituados a ver cómo los entrenadores utilizan a los delanteros a pierna cambiada para tener más capacidad de movimiento por todas las zonas de la delantera, para que utilicen mejor sus habilidades técnicas naturales y ambidiestras, y para que puedan asociarse entre ellos. El objetivo es igualar o superar en efectivos a las defensas contrarias en momentos determinados de la jugada y explotar mejor las finalizaciones: beneficio ofensivo.

La evolución del fútbol y la lucha por ser mejor entrenador nos conduce a tener muy presentes las razones para optimizar el rol de los jugadores y dotarlos de una influencia mental y física en el juego que dé sentido a esta frase: «El jugador que disfruta cree que lo que importa en el fútbol es el resultado, cuando en realidad es su proyección».

10
EL OTRO FÚTBOL.
LAS NUEVAS TECNOLOGÍAS

Este capítulo quiere complementar a otros de este libro, más específicos y en los que se desarrollan, de distintas formas, las ideas que el entrenador planifica. Bajo el epígrafe «El otro fútbol» quiero mostrar cómo se acompaña y plasma en varios formatos (papel, audio, imagen), y mediante diferentes aplicaciones y dispositivos la ejecución posterior del trabajo de cualquier técnico. La época en la que se desarrolla esta profesión viene marcada de forma decisiva por las tecnologías disponibles en aquel momento y en las capacidades formativas del entrenador para utilizar las herramientas de que dispone o para evolucionar a la par que la tecnología.

Sin rubor, y con mucha satisfacción, comencé a plasmar por escrito en libretas y cuadernos todas las referencias de mis primeros estudios para obtener los títulos de fútbol base, regional y nacional. También trasladé a esos escritos las lecturas de los libros de apoyo sobre fútbol existentes en aquella mi primera etapa, entre los años setenta y ochenta del pasado siglo. Fueron muchas horas de trabajo, numerosos bolígrafos gastados, lápices, gomas de borrar e innumerables carpetas para guardar todos los apuntes.

Esta base me sirvió posteriormente para preparar las hojas de planificación de cada entrenamiento, así como los dibujos técnicos y tácticos que utilizaba para exponerlos al equipo y preparar cada partido. Así se trabajaba en esa época, acumulando una enorme biblioteca de datos: recortes de prensa con información y artículos de otros técnicos, crónicas de partidos y un largo etcétera que, incluso hoy, llenan una habitación entera.

Con la llegada de los primeros PC (ordenadores de sobremesa), llegó también la hora de actualizarse. Recuerdo el primero que tuve: grande, pesado y con la pantalla en blanco y negro. Servía más para jugar al ping-pong, al tenis o al *comecocos* que para guardar documentación. Al comentarlo con otros entrenadores, recordábamos las interminables horas que pasábamos tecleando e introduciendo datos. No teníamos la suficiente destreza, y el software, además de lento, complicaba la acumulación de los primeros archivos de macrociclos, mesociclos y microciclos semanales.

Mi primer ordenador era un PC de los denominados «de cuarta generación», que comenzaron a quedar obsoletos con la llegada de los de sexta y séptima generación, con sistemas operativos como los que desarrollaba Microsoft. En estos ordenadores, se podía guardar, en un disco duro de capacidad limitada (y realizando copias de seguridad constantes para no perder los datos) todo lo que se creaba. Afortunadamente, las impresoras, a mediados de los años ochenta, ya funcionaban con tecnología láser, aunque solo imprimían en blanco y negro. Después, ya en los noventa, comenzaron a ofrecer impresión en color, lo que nos permitía llevar al terreno de juego lo programado en formato impreso con mucha más claridad.

Paralelamente, confiábamos en la captación de imágenes, y en todos los aparatos y aplicaciones disponibles para la misma, ya en aquella primera época. Era una forma de complementar lo que queríamos proponer y analizar, lo que debíamos corregir o corroborar como bien hecho, y luego mostrarlo a toda la plantilla. En esos primeros tiempos, tuve la suerte de contar con un amigo, muy aficionado al cine, que filmó un partido de entrenamiento con una cámara de cine doméstica, una Súper-8. Posteriormente, una vez revelada, proyectamos la película con una máquina de proyección en una pantalla con una calidad excelente. Pero fue solo un espejismo, ya que el experimento no tuvo continuidad, y tuve que esperar un tiempo valioso para conseguir el alquiler de un servicio profesional, ya con cámara de vídeo (en cinta magnética), para grabar mis primeros partidos. Aquella fue una herramienta fundamental para el análisis semanal y también para fomentar la unión entre todos los componentes del equipo en sesiones de proyección, acompañadas de un pequeño aperitivo que gustosamente pagaba yo para «formar piña» en el equipo.

A partir de los años noventa y en los 2000, los equipos ya contaban con un departamento técnico compuesto por una o dos personas encargadas de grabar entrenamientos y partidos con videocámaras semi-profesionales o profesionales. Posteriormente, y como herramienta para el *coaching* personal con jugadores, adquirí una cámara Sony Handycam con trípode para grabar las acciones técnicas y tácticas de cada jugador en los ejercicios de mejora, así como los partidos oficiales del jugador con su equi-po, para analizarlos posteriormente y extraer lo mejor para su continuidad o lo que debiera corregir. Hoy en día, las cámaras más utilizadas ya operan a través de tarjetas de memoria extraíbles, en formato digital, e incluso se utilizan las llamadas «cámaras de acción» como la GoPro Hero y algunas concebidas para el fútbol, como las de la marca Rollei. Todas ellas ofrecen planos espectaculares con una muy buena calidad de imagen.

Con la llegada del siglo XXI, el salto de la informática aplicada al fútbol fue gigantesco. Era el momento de recopilar todas las planificaciones, ejerci-cios de entrenamiento, informes y mucho más en un programa que alberga-ra todos estos contenidos y que, además, dotara de flexibilidad y estructura a todo lo creado y a lo que se iba a concebir a partir de aquel momento. Conocí a un programador informático, Àlex Borràs, que en aquel entonces estaba colaborando con el entrenador Toni Cortés en la creación de un cuaderno para otros entrenadores, aunque el proyecto no llegó a fructificar.

Lo cierto es que yo necesitaba reunir en una aplicación todo lo guar-dado en libretas y en un PC antediluviano. Expuse a Àlex, quien con el tiempo sería mi socio, la idea de crear una herramienta que sirviera no solo para mí, sino para cualquier entrenador o entidad deportiva futbo-lística, como un planificador de tareas para cualquier equipo. Trabajamos codo a codo durante muchos meses para crear WinBol. Algunos inter-pretaron el nombre del proyecto, un acrónimo, como «bola ganadora»: *win* por 'ganar' y *bol* por 'bola' o 'balón', cuando en realidad la traducción correcta sería *Win* de Windows y *Bol* de fútbol, es decir, informática aplicada al fútbol o fútbol informatizado.

Era un programa creado mediante Access y Visual Basic con cinco módulos principales: competiciones, entrenamientos (con más de mil ejercicios específicos, diseñados con sus correspondientes gráficos por reconocidos preparadores), secretaría técnica, logística y herramientas de WinBol. En estos módulos, se podía crear, producir y almacenar todo tipo de documentación, tanto auditiva como visual, y el programa iba creciendo a medida que se incorporaban nuevos conceptos.

Brindando por el éxito del programa informático de fútbol Winbol.

WinBol tuvo un éxito rotundo en sus inicios en entidades como FC Barcelona, Real Madrid, Atlético de Madrid, RCD Espanyol, Málaga CF, RCD Mallorca, Elche CF, SD Eibar y Atlético Osasuna, muchos de ellos de Primera División en aquellos años. También lo utilizaron otros equipos profesionales: Cádiz CF, Recreativo de Huelva, Real Murcia, Granada CF, Gimnàstic de Tarragona, Terrassa CF, CD Castellón, UE Figueres, UE Lleida, Girona CF y un largo etcétera de entidades deportivas, tanto de fútbol formativo como de entrenadores de todas las categorías.

WinBol llegó a crecer tanto que se convirtió en un macroprograma algo complicado de manejar, debido a la gran cantidad de acciones que podía acumular. Aun hoy contiene una base de datos de 41.300 jugadores de fútbol de todas las categorías (inscrita en el Registro de la Propiedad Intelectual de Barcelona), con la mayoría de sus datos completos y un breve análisis de su constitución física y sus características técnicas y tácticas, que hacen de WinBol, todavía, un programa único en el mundo futbolístico.

La competencia también nos pasó factura en este aspecto, con empresas multinacionales que vieron una oportunidad ideal para suministrar a los clubes datos, principalmente, de jugadores. A pesar de ello, WinBol sigue siendo útil para muchos técnicos que adquirieron la aplicación en su momento, y, para mí, fue durante muchos años mi herramienta principal de trabajo, tanto como entrenador como posteriormente como profesor, analista y comentarista en los diferentes canales de Televisió de Catalunya.

Entre 2001 y 2023, alterné mis labores técnicas con las de comentarista y analista para dicho medio de comunicación televisivo. Sin embargo, ya agotado tras casi veinticinco temporadas como entrenador, me dediqué a «otro fútbol», como indica el título de este capítulo. Junto a mi compañero y amigo Miguel Olmo (padre de Dani Olmo, actualmente futbolista del FC Barcelona) y de mi expreparador físico Marc Huguet, aprovechamos el tremendo auge de internet para crear Futboline (acrónimo de *Fútbol Online*), una consultoría profesional destinada a resolver dudas y preguntas y a asesorar, mediante ejercicios prácticos, cualquier tipo de cuestión futbolística. A través de nuestra aplicación en internet, buscábamos que entrenadores, iniciados y aficionados en general pudieran acceder a nuestra ayuda.

Una idea avanzada para aquellos tiempos, que, por desgracia, no cuajó lo suficiente, ya que el sistema de pago por una o varias consultas resultaba algo engorroso y lento. Hoy en día, dicho concepto se ha extendido enormemente entre las empresas especializadas, no solo en cuestiones puramente futbolísticas, sino también en asesoramiento referente a la representación de jugadores y en los ámbitos laboral y jurídico, lo que completa un paquete más atractivo y abarca un mayor número de posibles clientes, como los jugadores en activo.

Sin embargo, no desistí en mi intento y, a través de mi página web personal, ofrecí, durante algunos años, la posibilidad de realizar informes y vídeos personalizados para jugadores de todas las categorías. El conocimiento y aplicación, por mi parte, de una nueva tecnología que permitía la creación de vídeos publicitarios con imagen y música para mostrar las cualidades de un jugador me proporcionó un conocimiento y una experiencia en la materia que dio buenos resultados y una inmejorable satisfacción personal.

En mis primeros años como profesional, la Federación Catalana de Fútbol me contrató como profesor de técnica y táctica para la Escuela de Entrenadores, en sus niveles regional y nacional. Con el tiempo, también apliqué en mis clases las nuevas tecnologías, mediante programas informáticos como PowerPoint y similares, para adaptar el contenido de los libros y apuntes suministrados en su día por la Escuela Nacional de Entrenadores de Fútbol y para explicar, tanto teórica como prácticamente en el terreno de juego, lo que aprendí y desarrollé en mis tres cursos de formación.

Tras algunos años, y aprovechando un vacío legal, las escuelas de titularidad privada tuvieron la oportunidad de impartir y otorgar, a través de los cursos correspondientes al fútbol base, regional y nacional, los títulos de entrenador que hasta ese momento solo podían expedir las federaciones territoriales.

La Escuela Pía de Barcelona me contrató para impartir varias asignaturas (técnica, táctica, dirección de equipos, informática aplicada al fútbol —mediante WinBol— e incluso reglas de juego en algunas clases). Durante cuatro años, en la docencia de estas asignaturas, apliqué las herramientas tecnológicas a mi disposición mediante presentaciones en las clases teóricas y gráficos en el terreno de juego en las clases prácticas. Todas las materias, eso sí, se impartían a través de los libros de texto enviados por la Escuela de Entrenadores, cuyo contenido adaptábamos los profesores y, sobre todo, lo ajustábamos a situaciones reales que se daban tanto en entrenamientos como en partidos. Era dar un paso más hacia la modernización del fútbol, tan cambiante en la primera década del siglo XXI, o simplemente una adaptación a estos nuevos tiempos.

Las escuelas de entrenadores de las federaciones autonómicas, al percibir el auge de estas escuelas privadas y la disminución acelerada del número de alumnos en sus aulas, respondieron con una norma que especificaba que únicamente las federaciones territoriales podían expedir el título de entrenador nacional UEFA, lo que dejó a las escuelas privadas en desventaja. En mi caso, y en el de mis compañeros, el cambio de director de estudios deportivos de la Escuela Pía y un drástico recorte presupuestario pusieron fin a dicha experiencia y a la aplicación de la informática a la enseñanza futbolística.

Sin embargo, y recogiendo toda la experiencia acumulada como profesor, decidí aprovechar la interacción que había tenido con cientos de alumnos para ingresar en el mundo del *coaching* personal, es decir, entrenamientos individuales y personalizados para futbolistas, tanto amateurs como semiprofesionales, de las categorías cadete, juvenil, regional y nacional. Un nuevo reto y una forma innovadora de buscar, de manera muy personalizada para cada jugador, mejoras a través de ejercicios específicos de entrenamiento para explotar sus virtudes y erradicar o minimizar sus defectos, perfeccionando sus acciones físicas, técnicas, tácticas y, sobre todo, mentales.

Para ello utilicé dos principios fundamentales para el trabajo de *coaching* personal:

* La toma de decisiones, porque el *coach* analiza, infunde y recomienda, pero es el jugador quien decide.
* El desarrollo del trabajo en sus tres etapas: iniciar, progresar y finalizar.

Durante un periodo de aproximadamente cuatro años, asesoré a catorce futbolistas de distintas edades y categorías, con los que trabajé con la misma ilusión y convencimiento para cada uno, como si yo fuera el futbolista. Permanecía con ellos durante un período mínimo de seis a doce meses, en una o dos sesiones semanales, tanto en terrenos de juego o parques como en gimnasios, frontones y otros lugares más tranquilos.

Y fue así porque la experiencia me decía que dicho período, de medio año a un año, era más que suficiente para sentar las bases para una mejora significativamente satisfactoria, de manera que posteriormente pudiera ser el propio discípulo quien tomara las riendas de su progreso y eficacia en todos los niveles.

Creía en ello y procuraba transmitir a cada jugador, según su carácter y su personalidad, lo mejor para su progreso. Era sumamente respetuoso con el entrenador y los preparadores de los equipos en los que militaban mis *alumnos*, ya que el *coach* debe ser un complemento que ayude a mejorar, como persona y como futbolista, dentro del colectivo que representa su club. Por ello, la enorme satisfacción que experimenté fue comprobar que, al cabo de poco tiempo, once de los catorce jugadores que habían estado en mi programa de *coaching* lograron ascender de categoría en sus respectivos equipos, ya fueran aquellos en los que jugaban mientras entrenaron conmigo o en otros distintos.

Mi siguiente paso en la aplicación de nuevas tecnologías a mi labor técnica en el mundo del fútbol fue en abril de 2001, cuando, tras someterme a varias pruebas junto con otros entrenadores, Televisió de Catalunya me contrató para desempeñar el papel de analista y comentarista de partidos de fútbol.

Ante tal reto, tuve que dejar progresivamente el *coaching*, ya que debía prepararme a fondo para cada partido que comentaba, tanto de Segunda División A como de otras categorías, incluyendo torneos de fútbol base.

Muchos lectores pueden preguntarse por qué incluyo, dentro de un apartado referido a las nuevas tecnologías aplicadas al fútbol, el análisis y comentario de partidos. A mi entender, es porque se trata de buscar la forma de establecer un punto de unión entre el audio y la imagen (se trata de un formato audiovisual), es decir, comentar técnicamente lo que está sucediendo en un partido para que los que lo vean y lo escuchen reciban la información con coherencia y sentido. En consecuencia, es necesario preparar la documentación referida al encuentro: estadísticas y datos de la Liga o del campeonato que se va a disputar y de los equipos que participan en el partido, fichas y características específicas de los jugadores, de los árbitros, cómo juegan técnica y tácticamente los dos conjuntos, estrategias y un largo etcétera.

Añadamos a ello que, como mínimo, en una retransmisión participan dos personas (locutor/narrador y analista/comentarista), y pueden ser tres si hay un locutor a pie de campo. Todos ellos aportarán también su voz y sus comentarios al principio del encuentro, durante el mismo y al final. Conviene recordar, además, que el juego se desarrolla en secuencias que pueden durar muy poco tiempo. Por lo tanto, sincronizar la voz del locutor principal, que narra cada momento de cada jugada, con la del analista, que examina diversas jugadas y movimientos técnicos y tácticos que ocurren en muy pocos segundos, es un trabajo difícil, pero debe llevarse a cabo para evitar *pisarse* el uno al otro y para poder entrelazar, en un instante, frases o comentarios coherentes con lo que estaba o está sucediendo y con lo que podría suceder.

Como Televisió de Catalunya ofrece su programación en catalán, y mi catalán en ese momento era el aprendido en el entorno familiar, ya que mis padres habían nacido en Mollet del Vallès (Barcelona) y hablábamos «el catalán de la calle», tuve que complementar mi lengua materna con un curso de nivel B para corregir errores de dicción y fluidez. En mi primera temporada como analista de partidos, los correctores de lengua catalana de TV3 llenaban más de una hoja a doble cara con castellanismos y expresiones que no tenían cabida en el catalán estándar que debía difundirse por los diferentes canales de la casa.

A medida que fui comentando más partidos, fui corrigiendo lo más elemental, ya que, con la velocidad a la que teníamos que pensar, escoger y expresar lo más apropiado, el estrés solía condicionar ese instante tan breve en el que debías pronunciarte y acertar. Además, las retransmisiones, debido a las exigencias del medio en términos de realización y programación debían ajustarse, por un lado, a la vivacidad del partido, y por otro, a la exactitud máxima en el tiempo empleado, para conseguir que la retransmisión tuviera ritmo y eficiencia, a la altura de un acontecimiento que decide retransmitir la televisión pública de Cataluña. Con ello quiero decir que, a veces, podías oír por tus auriculares frases como «¡acaba ya!» o «¡silencio!», pronunciadas por el realizador, lo que conllevaba el atolondramiento y una expresión deficiente en tus comentarios. Es cierto que en algunos momentos lo pasaba mal, pero la satisfacción de haber comentado más de 1.900 partidos en casi veintitrés años de este «otro fútbol» ha significado para mí un disfrute de dicha tecnología audiovisual, que siempre estará conmigo cada fin de semana, aunque abandonara los comentarios en 2023.

Y como muestra de agradecimiento a todos aquellos con los que pasé estos años inolvidables, quiero compartir también con el lector mi carta de despedida de Televisió de Catalunya, nacida en un momento de inspiración espontánea y sincera de mi corazón, y que decía lo siguiente:

¡¡¡Hola a todos, magnífica gente de Esport 3!!!

Después de casi veintitrés años en esta Santa Casa de TV3, creo que ha llegado el momento de decir adiós.

Para empezar, quiero agradecer de corazón a todos los **directores de Esport 3** con los que he trabajado, su discreción y su respeto hacia mi profesionalidad futbolística. También al **equipo administrativo** encabezado por Xavi Arandes —inflexible negociador—, y a los muchos **realizadores** (¡auténticos héroes por aguantar a ecijanos, rusos, mochileros, becarios de fuera y un largo etcétera!). Nunca olvidaré mis comunicaciones con ellos, hechas siempre con todo el cariño: aquel «Desconéctate» que me decían, o cuando ellos, en voz alta, me gritaban: «¡Despedida rápida!» mientras yo hacía mi análisis final del partido y provocaban que me trabase.

Un recuerdo especial para los **jefes de Planificación y Producción**, a los que molestaba para que me pasaran la parrilla y con quienes cuadraba el partido cuando la maravillosa Eva Borràs no podía enviármela.

Mil gracias a los **productores** que, con infinita paciencia, me traían agüita y atendían mis preguntas: «¿Dónde vamos? ¿A *Pospo*? ¿A Continuidad? ¿O a la *Regi* de Deportes?».

Y qué decir de los **informáticos** (principalmente Xavi, Ramon y Dani) quienes, con pelos y señales, introducían los planteamientos que les decía, y que más de una vez tuvieron que configurar una nueva variante táctica en los sistemas de juego justo antes de empezar

Pero, como imaginaréis, con quienes más he establecido una excelente relación y compañerismo, fue con los **comentaristas, redactores, locutores** ¡o como queráis llamarlos!

Muy, muy atrás quedan ya las primeras correcciones de algunos castellanismos que llenaban más de una hoja y que Xavi Torres o Xavi Andreu me corregían y me ayudaban durante las primeras temporadas en las que colaboré con ellos.

Aventuras de corrección lingüística en los 1.900 partidos de todas las categorías que he tenido la suerte y el valor de transmitir, también con el *compi* Prados, Xavi Lemus, *la voz* de Àlex Castells, mi queridísimo *titán* Àlex Pareja, Albert Aguilera, Noel Rodríguez, Josep Coch, Uri Vidal Perico, Àlex Oliva, Quique López Vilalta, Agustí Alavés, el *Fargui* Jordi Fargas, *Latour* Francesc Latorre, el *Cervi* Lluís Cervelló o el *Sunyi* Jordi Sunyer —con quien más partidos he analizado— y algún amigo y amiga más como Laura Brugués o Cristina Busquets. Seguramente me habré dejado a alguien en este camino lleno de risas, agradecimientos, desencantos, enfados, retrasos, desconexiones, pixelados, errores bien aprovechados por los genios del programa APM y muchos ya olvidados, pero siempre con buenas intenciones.

Y no tan atrás quedarán mis tropiezos lingüísticos como «Bon Deia» (Bon dia / Buenos días) «Cuatro-Dozzzz-Trezzzz-Uno», el inefable *You're walk a never alone* con el que bauticé a los del Liverpool, las expresiones arbitrales caseras como «Salir por la puerta de toriles», los repetitivos comentarios tácticos sobre «el mando de las operaciones en el centro del campo» y tantos y tantos castellanismos o palabras medio inventadas difíciles de entender. Aun así, me ayudaban a comentar con sencillez futbolística los partidos para que la gente que escuchaba me entendiera, tanto en las consideraciones técnicas como en las tácticas.

Habéis sido **mi segunda familia** —con todas las letras— y lo seguiréis siendo. Y no hay mejor manera que continuar aprovechando la Triple G (Guía Gastronómica Gonzalvo) para seguir viéndonos en una buena mesa y con una mejor comida. No me voy como Messi ni como Mirotic, me voy con una sonrisa y un recuerdo eterno.

¡Hasta siempre, amigos!

Jordi Gonzalvo i Solà

De hecho, aún hoy disfruto de esta tecnología, cuando participo como tertuliano en programas de radio o me llaman para comentar cómo van las distintas ligas de fútbol en Cataluña, o para ofrecer mi parecer técnico en determinados partidos de fútbol, especialmente del Barça. Todo es más sosegado y menos exigente, pues ahora sí tengo tiempo para hacer pausas, pensar y expresar con mucha más tranquilidad el fútbol que llevo dentro.

11
FUTBOLARIO

PRIMERA PARTE: DICCIONARIO HUMORÍSTICO DEL FÚTBOL Y VIÑETA COLECCIONABLE

Este es el último capítulo del equipo titular que dejo al lector como parte de mi herencia futbolística. La misma palabra, Futbolario, puede interpretarse como un abecedario futbolístico empleado por los que hemos vivido este magnífico deporte. Concretamente, al pensar este libro, se trata de un diccionario que pretende abarcar lo cotidiano del balompié en cuanto a argot, expresiones, tecnicismos, instituciones, reglamentación, material, objetos, etc.

No pretendo establecer un «de la A a la Z» con miles de palabras, porque ya existen diccionarios específicos publicados para ello, pero sí me gustaría explicar que Futbolario fue, en un principio, una idea de coleccionable semanal para publicar en algún periódico o revista deportiva. La novedad consistía en plasmar en dibujos, palabra por palabra, términos de nuestro deporte rey con su definición técnica por un lado y con otra definición satírica o humorística por el otro.

Mi amistad, a principios de los años 2000, con un dibujante destacado como Miquel Sitjar dio lugar a una maravillosa chispa creativa en nuestras mentes. La idea era añadir una imagen, en forma de cómic, a dichas definiciones, para llenar ese hueco que representaba la actualidad que rodea al fútbol, tratada cotidianamente a través de la creación gráfica de unos personajes que constituían «La Familia de la Liga», amenizada con los refrescantes comentarios irónicos de sus protagonistas. Presentada en forma de viñeta individual coleccionable, los genuinos integrantes de esta familia comentaban los partidos disputados durante el fin de semana con evidente jocosidad en sus comentarios y preferencias.

Así pues, los componentes de esta singular familia, que residía en la barcelonesa villa de Gracia, eran los siguientes:

Pep Cistella: el padre, de 44 años, fondón, culé hasta la médula y representante de una compañía de seguros.

Fina García: la madre, de 40 años, adicta a todos los gimnasios, a la peluquería y a la Preysler, hincha del RCD Espanyol desde la infancia.

Marc (alias Tenessy): el hijo mayor, de 20 años, progre, asiduo del INEM y pasota, partidario de la *litrona*. Lo suyo es el baloncesto, en concreto, es seguidor de la Penya (Club Joventut de Badalona).

Cuqui: la hija, de 18 años, pija, discotequera, que repite curso académico por segunda vez, simpatizante de los Dragons de fútbol americano porque quiere ser *cheerleader...* y del Barça porque su ídolo es Pep Guardiola.

Doña Rosario: la suegra, viuda de un militar, forofa del Real Madrid y enemiga acérrima de su yerno Pep.

El tío, el tiet Jaume: hermano del padre, payés reciclado y representante de la Cataluña rural, con negocios de fruta en Mercabarna. Es aficionado de la UE Lleida porque se crio en la Terra Ferma.

Don Emilio: el portero de la finca, separado de la *parienta* y en busca de una sustituta por toda la escalera. Es del Sevilla a muerte y lo suyo es cantar como Manolo Escobar.

Todos estos personajes aparecían en escena para la definición de una palabra del Futbolario, tanto en su versión oficial como en la satírica, así como en la viñeta semanal en *El Liguero*, con un comentario de la jornada de los distintos equipos que formaban parte principalmente de la Primera División de fútbol (especialmente aquellos a los que nuestros personajes seguían: Barcelona, Real Madrid, Espanyol, Sevilla).

Este proyecto, por desgracia, quedó diluido y olvidado en los cajones de la mayoría de los diarios deportivos. Pienso que, posiblemente, representaba una competencia muy peligrosa para algunos departamentos de dichas editoriales, como el de los humoristas gráficos y el de los periodistas deportivos, en su sección futbolística. Nosotros no éramos periodistas, aunque mi compañero sí era un notable diseñador gráfico, y los presupuestos para nuevas inversiones en los grupos editoriales estaban, en su mayoría, más que cubiertos. Pero fue una gozada trabajar en dicha idea, desarrollarla y plasmarla en este innovador proyecto.

Segunda parte: abecedario futbolístico de uso cotidiano

Como ya he manifestado al inicio de este capítulo, no es mi intención llenarlo con miles de palabras ya manidas en el mundo del fútbol para ilustrar a los lectores, pues ya existen diccionarios completos para ello. Sin embargo, sí quiero constatar que los entrenadores utilizamos con frecuencia argot, motes, tecnicismos, expresiones singulares, definiciones particulares, palabras malsonantes, etc., para mencionar aspectos generales o específicos de la reglamentación, documentación, juego, materiales, objetos, instalaciones, personajes y muchos más.

Por tanto, quiero recoger un grupo de palabras específicas del mundo del fútbol que usamos los entrenadores en nuestras planificaciones y en nuestro quehacer diario, y que quedan reflejadas en las explicaciones técnicas de los diversos capítulos de este libro.

Dividiremos estas palabras en dos grupos: las «condiciones» que presenta un futbolista y las «acepciones», básicamente adjetivos, que pueden aplicarse a estas condiciones.

1. Morfología
* Condiciones: morfología, constitución, complexión, configuración, físico, cuerpo, visión, aspecto, envergadura.
* Acepciones: fibroso, estilizado, espigado, fuerte, potente, atlético, brevilíneo, normolíneo, longilíneo, flexible, coordinado, equilibrado.

2. Condiciones físicas
- Condiciones: velocidad, rapidez, movilidad, dinamismo, recorrido, carrera, distancias (cortas, medias, largas).
- Acepciones: buena, normal, regular, rápida en la reacción, progresión, zancada, potente, decidida, agresiva, decisiva, valiente, ágil, buenos reflejos, explosivo, eléctrico.

3. Condiciones técnicas
- Condiciones: control, amortiguamiento, conducción, regate, pase, centros, remates, juego aéreo, juego de cabeza, juego de pie, cambios de orientación, despeje, interceptación, entradas, contactos, *tackle*, paradas, toque, blocaje.
- Acepciones: aguante, vertical, preciso, exacto, seguro, correcto, aceptable, normal, en corto, en largo, hábil, discreto, regular, orientado, incontrolado, agresivo, decidido, valiente, potente, ágil, con reflejos, buenas manos, puños, a bocajarro, horizontal, diagonal corta, media, larga, escurridizo, perceptible, aparente, con recursos.

4. Condiciones tácticas:
- Condiciones: posicionamiento, equidistancia, repliegue, desdoblamiento, presión, bloqueos, recuperación, marcajes, desmarque de apoyo, desmarque de ruptura, relevos, permutas, ayudas, cruces, coberturas, sistema, planteamiento, táctica, estrategia, despliegue, ataque, contraataque, salidas, acciones combinatorias, transiciones, circulación del balón, zona, esquema, pared, basculación, organización, apoyos.
- Acepciones: armónico, intensivo, encare, desborde, visión, criterio, movilidad, verticalidad, ruptura, líneas, demarcaciones, polivalencia, progresivo, masivo, rápido, lento, control del juego, control del partido, dominio, individual, colectivo, ocupación, posición, desarrollo, ofensivo, defensivo, proyección, cierre.

5. Condiciones de comportamiento:
- Acepciones: listo, astuto, introvertido, controvertido, con personalidad, con autoridad, con mimetismo, con experiencia, con oficio, líder, oportunista, goleador, decidido, recatado, remiso, provocador,

con mando, relevante, mejorable, difícil, problemático, con prestaciones, capaz.

No quisiera olvidarme de todas aquellas expresiones, chascarrillos y adjetivos que hemos aprendido de otros y que utilizamos comúnmente en momentos en los que podemos no ser tan estrictos como habitualmente en nuestro trato con futbolistas o compañeros de profesión, y también en «petit comité» para dar una sensación de naturalidad y de relación fraternal, especialmente cuando uno no ejerce como máximo responsable de un equipo.

Así, decimos y repetimos expresiones y palabras como *abrazafarolas*, abrir la lata, agua milagrosa, agujetas, arrojar la toalla, baño y masaje, cacao, cantada, caño, coladero, *crack*, chupón, estar en la cuerda floja, *gardela*, *gilicórner*, gol olímpico, hacer la cama, maestro, *orsay*, pachanga, pepinazo, petardo, ponerla a huevo, poltrona, punto pelota, *rabona*, rondo, sotana, tangana, tener un hijo de penalti, tirar la toalla, tuercebotas, túnel, tronco, zambombazo y zapatazo.

Para completar este capítulo del Futbolario, quiero comentar también algunas expresiones que se han puesto de moda dentro de un vocabulario futbolístico que, en realidad, es poco común entre los profesionales y que, en algunos casos, carecen de un significado exacto o definitorio. Quizás el uso de estas expresiones se deba al afán de decir que estoy *à la page*, pero el hecho es que son usadas con frecuencia no solo por comentaristas técnicos, sino también por redactores de diarios, locutores y tertulianos en general.

- *Saltar*: Salir de una zona determinada para efectuar una cobertura o un marcaje temporal sobre un adversario.
- *Bloque bajo, medio o alto*:
  - *Bloque bajo*: Tipo de defensa sin balón en repliegue colectivo que un equipo efectúa cerca o en su propia área.
  - *Bloque medio*: Tipo de defensa sin balón en repliegue colectivo que un equipo efectúa en las zonas intermedias del terreno de juego.
  - *Bloque alto*: Tipo de defensa sin balón en colectividad que un equipo efectúa cerca del área contraria, con presión.
- *Robo tras pérdida*: Recuperar el balón en cualquier zona del terreno de juego después de que el equipo lo haya perdido.

- *Flotar*: Marcar a un jugador a cierta distancia con el objetivo de realizar otra acción defensiva al mismo tiempo o posteriormente. Se ha utilizado, también, con la acepción más concreta de permitir a un jugador rival, normalmente un defensa, llevar a cabo una salida de balón a sabiendas de que su capacidad de asociación y de distribución del balón es limitada y para generar así superioridad en otras zonas del campo.

- *Hundidos*: Suele referirse a una posición de los defensas excesivamente retrasada y con cierto desorden en su colocación.

- *Cambio de juego*: Concepto mal utilizado para definir el pase en el cambio de orientación del balón de un lado a otro. Aquí va un chiste fácil para desterrarlo: «Yo juego al fútbol; ¿si cambias de juego, tú juegas al parchís o a la oca?».

- *Descolgarse*: Realizar un desmarque sin balón, generalmente de un delantero, hacia zonas más atrasadas para poder recibir el esférico o propiciar un contraataque.

- *Descargar*: Movimiento de apoyo de un jugador que está de espaldas a la portería contraria con el fin de controlar el balón y entregarlo de cara a un compañero.

- *Cuerpear*: Aunque malsonante, se refiere a empujar a un contrario con el hombro o el pecho, y también a enfrentarse cuerpo a cuerpo con un adversario.

- *Salida de tres*: Salida del balón desde el portero con defensas centrales abiertos, para que venga a recibir un mediocampista y este tenga la opción de jugarlo hacia uno de los centrales o a los laterales abiertos en banda. En algunos casos, esta salida es llamada *lavolpiana*, ya que se atribuye su invención y aplicación al técnico argentino Ricardo La Volpe.

Cada día aparecen más palabras como estas, o similares, pero el mundillo del fútbol agradecería que tuvieran una definición y una aplicación claras. El fútbol ya es bastante complejo y voluminoso como para enredarlo todavía más.

Hemos llegado juntos al final de este libro, sintiéndome inmensamente feliz por haber estado tan bien acompañado en este viaje de historias y vivencias de mi fútbol. No deseo que sea un adiós definitivo, sino una invitación para encontrarnos en el próximo partido.

AGRADECIMIENTOS

A mi familia, por ser tan próximos a mí cuando entrenaba tan lejos.

A Jordi Sunyer, por tantos momentos vividos juntos y por su inestimable ayuda para hacer más clara y accesible la lectura de este libro.

A mis colaboradores David Salinas, Joan Poquí, Pedro Valero y muchos más amigos, tanto de los medios como del día a día, que me han aportado luz y conocimiento en la construcción de esta obra.

Un especial recuerdo para Dani Badia (mi hermano de Lleida, q.e.p.d.) que dio a mi fútbol el reconocimiento de espectáculo fascinante.

A los miles de jugadores, compañeros de profesión, miembros del cuerpo técnico, aficiones y toda la gente del fútbol, por haberme enseñado, aceptado y hecho mejor persona.

Y en especial a mis padres (que en el cielo estén), quienes, sin darse cuenta, impregnaron de honestidad mi vida en este viaje por el mundo del fútbol.

Este libro terminó de imprimirse
en noviembre de 2025, mes en el que
celebran sus cumpleaños los nietos del
autor, Chloe y Hugo Gonzalvo, quien
continúa la saga futbolística iniciada
por sus bisabuelos.